Der Job, der zu mir passt

Uta Glaubitz ist Berufsberaterin und unterstützt seit vielen Jahren in Workshops und Seminaren Menschen dabei, ihre individuellen Wünsche und Talente aufzuspüren und zu ihrem Beruf zu machen. Mit ihrer Methode der Individuellen Berufsfindung berät sie Berufssuchende und Wechselwillige jeden Alters. Unter www.berufsfindung.de finden Sie Berichte aus ihrer täglichen Beratungspraxis.

Uta Glaubitz

Der Job,
der zu mir passt

Das eigene Berufsziel entdecken
und erreichen

Campus Verlag
Frankfurt/New York

ISBN 978-3-593-50037-9 (Print)
ISBN 978-3-593-42316-6 E-Book (PDF)
ISBN 978-3-593-42340-1 E-Book (EPUB)

Umschlaggestaltung: total italic, Thierry Wijnberg, Amsterdam/Berlin
Umschlagmotiv: © Shutterstock/blinkblink 107194040
Satz: Fotosatz L. Huhn, Linsengericht
Gesetzt aus: Minion und Meta
Druck und Bindung: Beltz Grafische Betriebe GmbH, Bad Langensalza
Beltz Grafische Betriebe ist ein Unternehmen mit finanziellem Klimabeitrag
(ID 15985-2104-1001).
Printed in Germany
Kontakt: Werderstr. 10, 69469 Weinheim, info@campus.de
www.campus.de

Inhalt

Teil II
Workshop *Individuelle Berufsfindung*

Teil III
Zusätzliches Wissen

Einleitung:
Was soll ich werden?

Wenn Ella nur wüsste, was sie machen soll, dann hätte sie längst gekündigt. So sagt sie. Ursprünglich hatte sie sowieso nicht ins Büro gewollt, schon gar nicht in eine Bank. Als Kind wollte sie Fußballerin werden, danach Trainerin oder Sportlehrerin. Später hatte sie über Försterin oder ökologische Landwirtschaft nachgedacht. Ganz sicher aber war sie sich während ihrer Schulzeit nie. Als Ella Abitur machte, wurde in ihrem Heimatdorf eine Lehrstelle in der Sparkasse frei. Ihre Eltern sagten:»Mach doch erst mal eine Banklehre. Das ist eine gute Grundlage für alles.« Ella hatte sich darauf eingelassen, aber die Arbeit vom ersten Tag an gehasst. Am liebsten hätte sie direkt wieder gekündigt. Doch ihre Freunde meinten, sie solle erst einmal die Banklehre fertig machen:»Dann hast du wenigstens was!« Also biss sie die Zähne zusammen und machte ihren Abschluss als Bankkauffrau.

Danach schwor sie sich: Nie wieder mache ich so etwas! Sie würde an die Uni gehen, Garten- und Landschaftsbau studieren oder vielleicht Sportwissenschaft. Allerdings meinte ihre Freundin:»Damit kann man doch kein Geld verdienen.« Was sollte Ella machen? Die Freundin schlug vor:»Du hast doch eine Banklehre. Studier doch BWL!«

Ella begann, Betriebswirtschaft zu studieren, und hasste es vom ersten Tag. Aber alle meinten, sie solle erst einmal ihren

Bachelor machen:»Dann hast du wenigstens was!« Dann meinten alle, nun habe sie schon so viel Arbeit in ihren Bachelor investiert, jetzt solle sie auch ihren Master machen. Also studierte sie weiter. Doch sie schwor sich, nie als Betriebswirtin zu arbeiten. Niemals wollte sie im Büro versauern.

Ella hatte losen Kontakt zu ihrem ehemaligen Chef aus der Ausbildung gehalten. Noch während der mündlichen Prüfungen rief er sie an:»Sie haben ja jetzt eine Banklehre und ein abgeschlossenes BWL-Studium. Wollen Sie nicht zurückkommen? Wir hätten da was für Sie in der Personalabteilung. Und Sie könnten berufsbegleitend noch Ihren MBA machen.« Ella war schockiert. Sie wollte auf keinen Fall zurück in die Bank. Aber was hätte sie tun sollen? Den lukrativen Job ausschlagen? Immerhin sollte es ja eine Stelle in der Personalabteilung sein. Sie hätte also nicht nur mit Zahlen, sondern auch mit Menschen zu tun.

Da Ella nichts Besseres einfiel und sie ja Geld verdienen musste, ging sie zurück in die Bank. Sie dachte:»Vielleicht bin ich einfach zu anspruchsvoll … die anderen kommen ja auch zurecht.« Nach sechs Monaten dachte sie:»Nächstes Jahr kriegen wir eine neue Abteilungsleiterin, vielleicht wird's dann besser.« Und irgendwann war Ella 35 Jahre alt, hatte einen sicheren Job in einer Bank und stellte fest:»Ich wollte das alles nie. Ich wollte es schon von der ersten Sekunde an nicht.«

In meinem Berufsfindungskurs ist Ella anzumerken, wie genervt sie ist von ihrem Beruf, vom Sitzen im Büro, von der ständigen Auseinandersetzung mit ihren Kollegen. Sie fühlt sich gleichzeitig über- und unterfordert, schaut ständig auf die Uhr und zählt die Tage bis zum Wochenende. Allerdings ist sie sonntags schon schlecht gelaunt, weil sie montags wieder in die Bank muss.

Ellas Gesichtsausdruck ändert sich erst, als sie über ihren letzten Urlaub spricht. Zusammen mit einer Freundin war sie in Norwegen wandern. Mit Zelt und Rucksack waren die beiden drei Wochen unterwegs gewesen und hatten sich pudelwohl gefühlt: draußen sein, Bewegung, die Freude am einfachen Leben – das ist Ella wichtig.

Eine von vielen Möglichkeiten der Berufsfindung ist, das zum Beruf zu machen, was einem am wichtigsten ist. Aber wie sollte das gehen? Ein Teilnehmer schlägt vor:»Du solltest Försterin werden, Abenteuerreiseleiterin oder Campingplatzbesitzerin. Ich finde, es ginge auch Lehrerin für Sport und Biologie oder Jugendherbergsmutter. Am besten aber finde ich Survival-Trainerin. Da kannst du deinen Sporttick einbringen und bist viel draußen.« Ein anderer meint:»Am besten gibst du Motivationskurse für frustrierte Banker. Damit kennst du dich doch aus.« Eine dritte Teilnehmerin ergänzt:»Du bist doch schon in der Personalabteilung und weißt, was da so anliegt. Vielleicht kannst du Survival-Programme für Firmen entwickeln, die mit Teambildung, Konfliktbewältigung und Führungskräftetraining zu tun haben.«

Dann werden weitere Ideen gesammelt. Ella könnte sich zunächst einen Überblick über den Markt verschaffen, möglicherweise schon für ihren jetzigen Arbeitgeber. Sie kann recherchieren, welche Outdoor-Veranstalter erfolgreich sind, was sie anbieten und wie viel es kostet. Sie könnte sich Angebote unterbreiten lassen und für ihre Bank einen Survival-Tag zur Mitarbeitermotivation veranstalten. Am Wochenende könnte sie selbst Ausbildungen machen: Klettern, Paddeln, Floßbau, Nahrung aus der Natur, Erste Hilfe. Oder sie könnte samstags bei einem Fachgeschäft für Outdoor-Ausrüstung jobben und dabei mehr über die Ausrüstung lernen. Sie könnte selbst in den Ferien einen Survival-Kurs für Frauen absolvieren und die Leiterin fragen, ob sie das nächste Mal assistieren darf. Sie könnte sich zu Weihnachten die Bücher von Rüdiger Nehberg wünschen und lesen, wie er allein über den Atlantik gepaddelt ist, sich durch den brasilianischen Urwald geschlagen und einen Frosch aus einer Schlange herausgepresst und verspeist hat.

Irgendwann sind die Teilnehmer erschöpft, und einer wundert sich:»Ob man so für jeden einen Traumberuf entwickeln kann?«

***Seine Nachbarin:** »Das wäre jedenfalls genial ...«*

Wenn man nicht weiß, was man werden will

Die meisten wissen nicht, wie man überhaupt nach dem richtigen Beruf suchen könnte. Sie hoffen, dass eine innere Stimme sich irgendwann meldet. Bis dahin machen sie das, was sich gerade anbietet, was die Eltern machen oder was irgendeine Institution empfiehlt. Sie sagen: »Ach, hätte ich doch eine klare Begabung oder einen eindeutigen Wunsch. Dann wäre alles viel einfacher.«

Und solche Leute gibt es auch: Manche wissen bereits mit 14, dass sie Ärztin, Schneiderin oder Physikprofessor werden wollen. Das sind aber Ausnahmen. Die restlichen schätzungsweise 90 Prozent warten jahrelang darauf, dass ihnen endlich eine Idee kommt. Oft mit wenig Erfolg.

Besser also, man wartet nicht auf einen erlösenden Moment, sondern überlegt, auf welche Weise man die Entscheidung für einen Beruf herbeiführen will. Was soll die Grundlage der Berufswahl sein? Wodurch wird ein Beruf zum *richtigen* Beruf?

Die Überlegungen beginnen damit, dass man diese Fragen überhaupt erst einmal ernst nimmt. Um sich zu entscheiden, muss man sich entscheiden *wollen,* anstatt unentschlossen in Angststarre zu verharren – so wie ein Kaninchen vor der Schlange, das denkt: »Eine falsche Bewegung, und ich bin tot!«

Man lässt also den unproduktiven Vermeidungsmodus hinter sich und entscheidet sich für eine Methode. Dann folgen Selbstreflexion und die Entscheidung für ein berufliches Ziel. Danach geht es an die Umsetzung.

Die Methode dieses Buchs heißt *Individuelle Berufsfindung*. Das sind zwei Worte mit vielen Silben, aber der Name hat sich über die Jahre so eingebürgert. *Individuelle Berufsfindung* setzt bei der Frage an: Was wollen Sie eigentlich wirklich? Und was treibt Sie morgens aus dem Bett?

In diesem Buch forschen wir nach Ihren Wünschen, Interessen und Motivationen und entwickeln daraus berufliche Ziele. So werden Tätigkeitsfelder erschlossen, in denen Sie bereits von sich aus motiviert sind. Dort fällt es leichter, die Energie aufzubringen, die nötig ist, um viel zu leisten und andere von sich zu überzeugen.

Gerade wenn der Arbeitsmarkt schwierig ist (oder wenn man sich einbildet, dass der Arbeitsmarkt schwierig ist), ist es dumm, sich ziellos zu bewerben. Besser, man geht die Suche nach dem passenden Beruf systematisch an und spart sich Notlösungen und Panikaktionen. Manchmal hilft es auch, aufzuhören, sich den aktuellen Beruf schönzureden, etwa so: »Eigentlich wollte ich nie Buchhalterin werden, aber immerhin sind die Kollegen nett, und wir kriegen auch Weihnachtsgeld.« Nette Kollegen und Geld sind wichtig, machen aber allein nicht glücklich.

Ein Teilnehmer: »Ich habe auch keine Lust auf meinen Job, aber wenigstens habe ich so viele Meilen auf meinem Miles-and-More-Konto.«

Seine Nachbarin: »Ist das den ganzen Frust wert?«

Individuelle Berufsfindung bedeutet:
- Sich für ein Berufsziel entscheiden
- Dieses Ziel dann Schritt für Schritt in die Tat umsetzen

Die Umsetzung kann je nach Fall mit einer Lehre oder einem Studium beginnen, sie kann auch mit einem Quereinstieg oder einer Selbstständigkeit zu tun haben. Welches der richtige Weg ist, hängt von drei Aspekten ab: vom Ziel, vom Typ und von der Ausgangsposition. Ein Schüler wird eher über eine Lehre nachdenken als jemand, der bereits zehn Jahre Berufserfahrung hat. Eine eben entlassene Bankerin wird eher über eine Selbstständigkeit nachdenken als ein Student, der nach einem Semester Sozialpädagogik überlegt hinzuschmeißen.

Allerdings kann der Einzelfall ganz anders aussehen: Ich habe einen diplomierten Betriebswirt begleitet, der seine Eigentumswohnung in München vermietet hat, in eine WG gezogen ist und eine Ausbildung zum Gärtner macht. Ich habe eine Mutter begleitet, die nach der Kinderphase nicht in den alten Beruf zurück wollte und mit 45 Jahren eine Ausbildung zur Fotografin absolviert. Eine andere Mutter, die aus der Informatik kam, macht mit 43 Jahren noch eine Ausbildung zur Schuhmacherin. Am Ende hängt alles davon ab, was einem wichtig ist und ob man bereit ist, für einen neuen Beruf möglicherweise auch bereits Erreichtes aufzugeben.

Die Schritte zur Umsetzung eines neuen beruflichen Ziels hängen außerdem davon ab, was Sie erreichen wollen: Wer Herzchirurg werden will, muss Medizin studieren. Wer Friseur werden will, muss eine Lehre machen. Aber schon bei Fotografin wird die Sache schwieriger: Man kann eine Ausbildung machen, Fotografie studieren oder sich seine Karriere *learning by doing* aufbauen. Zu Webdesigner oder Cafébesitzerin führt ein Grafikdesignstudium oder eine Konditorausbildung, aber vielleicht auch ein Existenzgründungskurs oder schlicht Mut zu Selbstständigkeit und Unternehmertum.

Auch die Frage, ob man selbstständig oder angestellt arbeiten will, hängt oft vom gewählten Beruf ab: Kapitäne, Lokführer und Tierpflegerinnen arbeiten in der Regel angestellt; Heilpraktiker, DJs und Imageberater fast nie. Friseure und Floristen können zwar angestellt arbeiten, die Verdienstaussichten sind dann aber begrenzt. Manchmal geht das eine dem anderen voraus: Man ist zunächst angestellter Weinhändler oder Apotheker und macht sich dann mit einem eigenen Weinladen oder einer Apotheke selbstständig. Oder umgekehrt: Bevor man eine feste Stelle als Redakteur bekommt, haben viele bereits als freie Journalisten gearbeitet.

Natürlich ist »selbstständig oder angestellt?« auch eine Typfrage: Während sich die einen nicht vorstellen können, selbstständig zu sein, können sich die anderen nicht vorstellen, angestellt zu sein. Für die Berufsfindung ist es sinnvoller, die Frage nach der Arbeitsform erst einmal zurückzustellen und sich zunächst dem Inhalt des Berufs zu widmen: Was will ich eigentlich machen?

Zur *Individuellen Berufsfindung* gehört auch, das große Ziel in kleine Schritte herunterzubrechen. Denn Erfolg oder Nichterfolg hängt oft davon ab, ob der Berufssucher sich entschließt, die ersten Schritte zu gehen oder nicht (»Das Schwierigste ist nicht die Distanz; das Schwierigste ist der erste Schritt«). Entgegen landläufigen Vorurteilen ist fast nie ausschlaggebend, ob man letztendlich ausreichend Kapital, gute Noten oder überdurchschnittliches Talent hat.

Eine Teilnehmerin:»Aber was ist, wenn so ein beruflicher Plan nicht funktioniert?«

Ihr Nachbar:»Wenn du in deiner Freizeit etwas planst, fragst du auch nicht ständig, ob das wohl alles funktionieren wird. Du überlegst, wie man die Sache am besten anpackt. Und wenn du dich nicht ganz doof anstellst, dann kommt auch etwas dabei heraus.«

Über dieses Buch

Dieses Buch zeigt, wie Sie den Job finden, der zu Ihnen passt. Der erste Teil gibt einen Überblick über die Methode der *Individuellen Berufsfindung*. Wenn Sie es eilig haben, wissen Sie danach, wie es ungefähr funktioniert. Im Anschluss daran werden zehn häufig gestellte Fragen beantwortet, beispielsweise, für wen sich die Methode überhaupt eignet oder wer einem hilft, wenn man nicht weiterkommt.

Der zweite Teil ist ein Do-it-yourself-Workshop, in dem Sie Fragen und Denkübungen finden, die helfen, Ihre Wünsche so lange zu präzisieren, bis Sie ein klares Ziel formulieren können: »Ich werde Pastorin«, »Ich werde Kameramann«, »Ich werde Hutmacherin«. Danach gibt es eine Anleitung, wie Sie aus dem Ziel einen Plan entwickeln: Mit welchen Schritten können Sie das neu gesteckte Ziel erreichen? Welche Maßnahmen führen von A nach B?

Der dritte Teil des Buchs beschäftigt sich mit einigen zusätzlichen Fragen, die in den Workshops *Individuelle Berufsfindung* immer wieder auftauchen: Wie man sich selbst während der Berufsfindung bei der Stange hält, wie man mit seinem Umfeld umgeht oder wie man an seinem Selbstbewusstsein arbeiten kann.

Alle Beispiele dieses Buchs wurden von den Teilnehmerinnen und Teilnehmern meiner Workshops *Individuelle Berufsfindung* erarbeitet: überwiegend von Berufstätigen, die wechseln wollen, aber auch von Arbeitslosen, Schülern und Studenten, Bundeswehrsoldaten und Zivildienstleistenden (als es die Pflichtdienste noch gab), Müttern, die seit zehn Jahren aus dem Beruf sind, oder von Lebenskünstlern, die die letzten Jahre mit Weltenbummelei verbracht haben. Sie zeigen, wie andere vor Ihnen bestimmte Fragen gelöst haben, und illustrieren damit die einzelnen Schritte des Workshops.

Seit 1996 habe ich erlebt, wie eine Krankenschwester zur Kapitänin, ein Banker zum Drachenboot-Event-Manager und eine Journalistin zur Försterin wurden. Ein Werber wurde zum DJ, eine Mitarbeiterin des Gesundheitsamts zur Maskenbildnerin, eine Weiterbildungsreferentin zur Bibliothekarin. Ich habe einen Biologen begleitet, der mit 40 seinen Job in einem Forschungsinstitut gekündigt hat und Winzer geworden ist. Ich habe eine wunderschöne Frau aus dem Versicherungscontrolling befreit und sie dabei unterstützt, in die Modebranche zu wechseln. Eine weitere schöne Bankerin arbeitete wenige Monate nach dem Seminar in einem Wellnesshotel an der Algarve. Eine Software-Verkäuferin veranstaltet heute alternative Touren durch den Hamburger Hafen, eine Großhandelskauffrau unterrichtet als Berufsschullehrerin, ein Programmierer ist Rettungsassistent, und ein Unternehmensberater wurde Journalist. Wenn Sie mehr über diese Frauen und Männer erfahren möchten, besuchen Sie sie auf meiner Internetseite www.berufsfindung.de. Von jedem dieser Fälle habe ich ein bisschen mehr über Berufsfindung gelernt.

Teil I

Wie finde ich den Job, der zu mir passt?

Über sich selbst nachdenken

Individuelle Berufsfindung basiert auf den Fragen:

1. Was kann ich?
2. Was will ich?
3. Welcher Beruf passt dazu?

Am Anfang der *Individuellen Berufsfindung* steht gerade nicht die Frage, welche Berufe in Zukunft die besten Chancen haben. Erstens handelt es sich dabei um Kaffeesatzleserei. Zweitens ist es besser, sich antizyklisch zu verhalten, also nicht das zu machen, was alle anderen gerade auch machen. Drittens (und das ist das Wichtigste) sollte man in der Berufsfindung nicht sein Fähnchen nach dem Wind drehen, sondern das machen, was man selbst für richtig hält. Also setzen wir lieber bei der Frage an: Was wollen Sie eigentlich wirklich?

Doch diese Art der Berufsfindung ist schwierig. Denn sie verlangt, dass man über sich selbst nachdenkt. Viel einfacher ist es, darüber nachzudenken, welchen Drucker man kauft, welches Fahrrad man gern hätte oder wo man im Urlaub hinfahren könnte. Denn das sind äußerliche Fragen. Doch um herauszufinden, was einen motiviert und was einem wichtig ist, muss der Blick nach innen gehen. Da dies den meisten Menschen nicht leicht fällt, werden wir uns in diesem Kapitel der Selbstanalyse widmen.

Was kann ich?

Beginnen wir unsere Überlegungen mit der ersten Frage »Was kann ich?«. Der ideale Beruf bietet die Möglichkeit, die eigenen Fähigkeiten einzusetzen und weiterzuentwickeln. Wenn man aber nicht weiß, was man kann, ist es schwierig zu überlegen, in welchem Beruf man diese unbekannten Fähigkeiten wohl einbringen könnte. Auch Arbeitgeber wollen bei einer Bewerbung wissen, welche Fähigkeiten ein Stellensucher anzubieten hat. Und zwar vorzugsweise, welche Fähigkeiten er anzubieten hat, die andere *nicht* haben.

Daher stellt die *Individuelle Berufsfindung* die Frage nach Stärken und Fähigkeiten nicht abstrakt, sondern anhand konkreter Erlebnisse. Im zweiten Teil des Buchs werden Sie angeleitet, darüber nachzudenken, wann Sie stolz auf sich waren. Wann haben Sie sich selbst auf die Schulter geklopft, wann hatten Sie das Gefühl »Das habe ich wirklich gut gemacht«?[1]

An diesen Situationen lassen sich erste Fähigkeiten erkennen. Ein Beispiel: Der Architekturstudent Norbert erzählt in einem Workshop *Individuelle Berufsfindung* von einer Seminarreise nach Rom: Jeder Teilnehmer musste ein Referat über ein Bauwerk halten. Die meisten waren langweilig, und niemand interessierte sich wirklich dafür. Daraufhin entschloss sich Norbert, seinen Vortrag über die Kirche Sant'Andrea al Quirinale lebendiger zu gestalten. In einer Ein-Mann-Show spielte er Szenen vor, die sich dort vor ein paar hundert Jahren ereignet haben könnten. Sein schauspielerisches Talent und seine Fähigkeit, andere zu amüsieren, ermöglichten es ihm, Historisches unterhaltsam zu vermitteln. Am Ende war er stolz darauf, das mit Abstand interessanteste Referat gehalten zu haben. Norbert stellt anhand seines Rom-Erlebnisses folgende Stärkenliste zusammen:

- Geschichtswissen
- Architekturgeschichte
- Wissen aufbereiten, vermitteln
- schauspielerisches Talent
- Geschichten erzählen, Vorträge halten
- gutes Gedächtnis
- witzig sein, andere amüsieren
- gut formulieren
- für Kultur begeistern
- tote Sachen lebendig gestalten

Daraus kann man in einem Brainstorming Tätigkeitsgebiete entwickeln, zum Beispiel: Leiter historischer Stadtführungen, Schauspieler, Comedian, Geschichtslehrer, Autor historischer Romane, Archäologieprofessor, Architekturprofessor oder Architekturkritiker. Schon lange hatte sich Norbert über die langweilige Berichterstattung zum Thema Architektur aufgeregt. Daher konzipiert er zunächst eine Sendereihe fürs Uniradio *Die zehn interessantesten Baustellen der Stadt*. So lernt er, Radio zu machen. Danach kann Norbert sich an einen größeren Sender wenden: »Ich habe eine zehnteilige Serie über die zeitgenössische Kölner Architektur im Uniradio gemacht. Etwas Ähnliches würde ich jetzt gerne für Ihren Sender machen. Ich könnte mir beispielsweise *Die zehn erstaunlichsten Kirchen dieser Stadt, Zehn Beispiele für eine ökologische Industriearchitektur* oder *Zehn Orte, an denen die Römer Geschichte schrieben* vorstellen. Kann ich bei Ihnen ein Praktikum machen?«

Norbert wird an 15 Stadtführungen in zehn Städten in drei Ländern teilnehmen und danach eigene Führungen mit Schwerpunkt Architektur anbieten. Dort wird er den Leuten auf unterhaltsame Weise Architektur nahebringen; so wie damals in Rom.

Eine Teilnehmerin:»Kann man mit so etwas überhaupt Geld verdienen?«

Ihr Nachbar:»Es gibt heute so viele Berufe, mit denen man Geld verdienen kann. Denk mal an den Pferdeflüsterer. Früher hätte man auch gesagt, dass man mit so was kein Geld verdienen kann. Und heute ist er Millionär.«

Was will ich?

Wenden wir uns der zweiten Frage der *Individuellen Berufsfindung* zu:»Was will ich?« Auch diese Frage stellen wir anhand konkreter Situationen: Wann waren Sie besonders motiviert? Wann haben Sie gewirbelt? Wann sind Sie freiwillig frühmorgens aufgestanden?

Situationen, in denen man überdurchschnittliche Aktivität entwickelt, geben Aufschluss darüber, wo man aus eigenem Antrieb und mit Spaß arbeitet. Ein Beispiel: Enrico spielt leidenschaftlich gerne Tennis. Beim Damenturnier *German Open* in Berlin hatte er vor Jahren einen Job als Balljunge. Er war gebannt von der Atmosphäre, von den Zuschauern und der Nähe zu den Stars. Neun Tage lang fuhr er frühmorgens gut anderthalb Stunden hin und spätabends mehr als anderthalb Stunden zurück nach Hause, alles für ein mageres Taschengeld von 100 Euro. Im Nachhinein kann Enrico fast nicht glauben, wie viel Engagement er an den Tag gelegt hat, nur, um bei diesem Ereignis dabei zu sein.

Enricos Interesse an Technik und Informatik zeigt seine zweite Geschichte:»Als ich meinen ersten Computer hatte, kam ich jeden Morgen zur Schule mit einer Riesenliste von Fragen an meine Mitschüler, die damals schon mehr wussten.«

Enricos Motivationsliste:

• Sport, Wettkampf, Tennis

• Atmosphäre bei Sportveranstaltungen

• Begegnung mit Leuten aus aller Welt

• Technik

• Computer

Daraus entwickelt Enrico mithilfe der *Individuellen Berufsfindung* das Berufsziel *Sportanlagentechniker.* Vielleicht würde er später Software für Torlinien-, Mess- und Übertragungstechnik, absenkbare Laufbahnen, Rasenheizungen, verschließbare Überdachungen und sonstige Finessen moderner Sportstadien entwickeln.

Ein Teilnehmer:»Ist denn Stadiontechniker ein richtiger Beruf?«

Seine Nachbarin:»Was man so für einen richtigen Beruf hält, ist wahrscheinlich eine Frage der Familie, aus der man kommt. Ist dein Vater Komponist und deine Mutter Opernsängerin, dann ist Schauspielerin vermutlich ein ganz normaler Berufswunsch. Ist dein Vater Heizungsmonteur und deine Mutter Krankenschwester, dann ist Fußballstadiontechniker wahrscheinlich so abwegig wie Schauspielerin. Wenn dein Vater aber Pressesprecher von Hansa Rostock ist und deine Mutter Programmiererin, dann ist Fußballstadiontechniker vielleicht ganz normal.«

Nachdem wir die ersten beiden Fragen »Was kann ich?« und »Was will ich?« erläutert haben, kommen wir nun zur dritten Frage der *Individuellen Berufsfindung*: »Welcher Beruf passt dazu?« Oder anders: Wo gibt es ein Tätigkeitsfeld, in das ich das, was ich kann, und das, was ich will, gewinnbringend einsetzen kann?

Welcher Beruf passt dazu?

Was soll die Grundlage Ihrer Berufswahl sein? In diesem Buch schlage ich Ihnen vor, zunächst Ihre eigene Biografie zu nehmen, an der Sie ablesen können, was Sie bewegt und was Sie bewegen wollen. Denn Sie haben es bereits erlebt: Situationen, in denen Sie von sich aus motiviert waren. Wenn es Ihnen nun gelingt, aus diesen Situationen ein berufliches Tätigkeitsfeld abzuleiten, können Sie jeden Tag mit Spaß zur Arbeit gehen. Wie diese Form der Entscheidungsherbeiführung funktioniert, haben Sie bereits an den Beispielen des zukünftigen Architekturkritikers Norbert und des Sportanlagentechnikers Enrico gesehen. Zwei weitere Beispiele:

Johanna und Kostümbild
Johanna studiert Geschichte, weil sie sich für Geschichte interessiert. Das allein ist allerdings kein Berufswunsch. Denn Lehrerin will sie auf keinen Fall werden. Ihr Hobby ist Kino und Film. Wenn sie genauer hinschaut, merkt sie, dass es vor allem die historischen Kostümfilme sind, die sie begeistern: *Shakespeare in Love, Gladiator, Gangs of New York*: »Je aufwändiger die Kostüme, je mehr es flattert und rauscht, desto dra-

matischer ist es«, sagt sie. Zu ihren Fähigkeiten gehören Zeichnen und handwerkliches Geschick. Historisches Wissen hat sie aus dem Geschichtsstudium. So entscheidet sich Johanna für den Beruf der Kostümbildnerin (vielleicht später mit Spezialisierung auf historische Kostüme). Sie bricht ihr Geschichtsstudium ab und geht stattdessen nach England, um Kostümbild zu studieren.

Elisabeth, Frauen und Geld

Elisabeth ist Deutschlehrerin am Gymnasium und muss demnächst in Pension. Sie fühlt sich aber nicht nach Ruhestand, sondern sucht einen neuen Job, der zu ihren Erfahrungen aus über 30 Jahren Unterricht passt. Im Workshop erzählt sie, dass sie ihren Freundinnen schon öfter bei der Vorbereitung von Bewerbungsgesprächen geholfen hat. Dabei ist ihr aufgefallen, dass die meisten Frauen sich schwer damit tun, ein angemessenes Gehalt zu fordern. Elisabeth ist stolz, dass einige durch ihre Hilfe eine Gehaltserhöhung erzielt haben. Sie interessiert sich außerdem für die Börse und engagiert sich in einem Frauen-Aktienclub.

Im Workshop entwickelt Elisabeth die Idee, dass Thema *Frauen und Geld* in Seminaren anzubieten. Ihren ersten Vortrag hält sie in ihrem Aktienclub, ihren ersten Kurs an der Volkshochschule. Sie betreibt ein Börsenblog, gibt einen Newsletter heraus und schreibt einen Ratgeber zum Thema »Frauen und persönliches Finanzmanagement«.

Die Beispiele von Norbert, Enrico, Johanna und Elisabeth zeigen, wie man aus der Kombination von Fähigkeiten und Interessen ein berufliches Tätigkeitsfeld entwickelt. Dabei funktioniert Berufsfindung naturgemäß nicht immer nach dem Schema: ein Interesse plus eine Fähigkeit gleich der richtige Beruf. Die Reflexion über sich selbst, über eigene Wünsche, Fähigkeiten, Interessen und Stärken hilft aber in jedem Fall, sich an die richtige Berufsentscheidung heranzutasten.

Die ersten Schritte

»Schön und gut!«, werden Sie jetzt vielleicht sagen. »Und wie soll ich so einen Beruf dann in der Realität finden?« Damit Sie nicht auf halber Strecke stecken bleiben, sprechen wir nun darüber, wie man aus einem Ziel einen Plan entwickelt.

Oben auf ein Blatt Papier schreibt man sein neu gestecktes Ziel, unten den Status Quo. Wenn Sie also Banker sind und Koch werden wollen, schreiben Sie unten *Banker* und oben *Koch* hin. Wenn Sie Controllerin sind, aber Kinderärztin werden möchten, schreiben Sie unten *Controllerin* hin und oben *Kinderärztin*.

Dazwischen ist nun Platz für drei, zehn oder 15 Schritte, die Sie von Beruf A nach Beruf B führen. Woraus sich ergibt, dass es sinnlos ist, Maßnahmen zu ergreifen (oder auch nur zu erwägen), bevor man ein Ziel hat. Denn Sie können gar nicht festlegen, ob ein Französisch- oder Japanischkurs zu Ihrem Ziel führt, oder aber ein Aufbaustudium Orchestermanagement, ein Executive MBA, ein VHS-Kurs Schnitttechnik, ein Wochenendseminar Eismachen oder, oder … Eine Weiterbildung führt entweder zu einem beruflichen Ziel, oder sie ist Selbstzweck (hat dann aber nichts mit Karrierebauen, sondern eher mit Beschäftigungstherapie zu tun). Dabei ist mit Ziel ein konkretes Ziel gemeint und nicht etwa die Floskel: »Ich will mich beruflich weiterentwickeln.«

Finden Sie zunächst heraus, ob es einen zwingend vorgeschriebenen Weg gibt. Also: Wer Schönheitschirurgin werden will, muss Medizin studieren. Wer Staatsanwalt werden möchte, muss Jura studieren. Wer Optiker, Pilot oder Tierpfleger werden will, muss eine entsprechende Ausbildung machen. Bei vielen Berufen existieren zwar vorgegebene Wege, wie für Koch, Floristin oder Fotografin. Es gibt aber auch einzelne, die es ohne diese Ausbildung geschafft haben, unter den Köchinnen sogar zwei besonders prominente: Léa Linster und Sarah Wiener.

Dann gibt es Berufe, bei denen überhaupt nicht klar ist, wie man das werden könnte: Requisiteurin, DJ, Parfumeur, Karriereberater, Tätowiererin, Foodstylistin, Krimiautorin, Musikproduzentin, Achterbahnkonstrukteur. Für solche Berufe mag es Kurse und Seminare geben. Aber den Großteil des Ausbildungs- und Karriereplans wird man in Eigenregie strukturieren müssen: Informationen sammeln, Wissen aneignen, Kontakte knüpfen, Erfahrungen machen, sich spezialisieren, sich einen Namen machen, weiterempfohlen werden.

Wenn Sie keinerlei Idee haben, wie Sie von A nach B kommen könnten, finden Sie heraus, wie andere vor Ihnen den Weg gegangen sind. Fragen Sie die DJs nach der Party und den Karriereberater im Chat. Schauen Sie sich den Wikipediaeintrag der zehn berühmtesten Parfumeure oder der zehn berühmtesten Foodstylisten an. Lesen Sie drei Biografien von Musikproduzenten, quetschen Sie Ihre eigene Tätowiererin aus, fahren Sie zu Diskussionsrunden mit Autoren auf der Buchmesse und folgen Sie den coolsten Webdesignern auf Twitter.

Wenn Sie nicht mit reichen Eltern gesegnet sind, die Ihnen eine Werbeagentur oder Tischlerwerkstatt finanzieren, dann müssen Sie immaterielles Kapital anhäufen und einsetzen. Und das sind: Ihre Informationen, Ihre Kontakte und Ihre Ideen. Ohne finanzielles Kapital kann man viel mehr anfangen als ohne geistiges Kapital und ohne soziale Kontakte, behaupten die Pädagogen Johanna Frank und Lorenz Wolff in einem Buch zur Berufssuche.[2]

Dabei ist mit guten Kontakten nicht gemeint, dass Papa Ihnen einen Job in der Firma seines Kumpels besorgt. Gute Kontakte sind *professionelle* Kontakte und in der Regel Resultat einer persönlichen Kontaktaufbaustrategie. Wer niemanden kennt, der in der Branche arbeitet, sollte zunächst sein Adressbuch durchsehen, ob er nicht jemanden kennt, der jemanden kennt. Ansonsten helfen XING, Facebook und die persönlichen Webseiten der Zielpersonen. Es hilft, umtriebig zu sein, zu veröffentlichen und von sich reden zu machen. Bei Leuten, die einem beim Karrierebauen begegnen (zum Beispiel im Praktikum oder auf einer Messe), melden Sie sich mindestens einmal im Jahr, und zwar individuell und nicht als Rundmail zu Ostern.

Übrigens: Gute Kontakte sind auch gut fürs Vorstellungsgespräch. Es wird Ihnen helfen, wenn Sie ein Gespräch beginnen können mit:»Ich soll Sie herzlich von Herrn Dr. Wichtig grüßen, den ich vorige Woche auf der Buchpremiere von XYZ getroffen habe.«

Eigene Ideen entwickeln

Je nachdem, welches berufliche Ziel man anstrebt, beginnt der neue Beruf mit einem Praktikum, einer Lehre, einem Ehrenamt, einem Studium, einem Kurs. Oder man entwickelt eigene Ideen, wie man seinen Fuß in die Tür bekommt.

Ein Beispiel: Lars ist Fußballfan. Bereits als Knirps pilgerte er zu jedem Heimspiel ins Stadion. Er kickt in einer Hobbymannschaft und entwickelt im Workshop *Individuelle Berufsfindung* daraus eine Idee: Durch seine Stadionbesuche kennt er die Probleme am Bahnhof. Die S-Bahn hat Sorgen mit den aggressiven Hools, die nach jedem Fußballspiel abtransportiert werden müssen.

Lars ersinnt eine Lösung: Nach jedem Heimspiel des Vereins könnte er durch die Lautsprecheranlage des Zugabfertigers den Bahnsteig beschallen. Dort würde dann über die anderen Spiele und Ergebnisse des Spieltags berichtet. Etwa so:»Kaiserslautern hat heute glücklich 2:1 gegen Bremen gewonnen. Das kann uns nur freuen, da uns nächste Woche ein schweres Spiel im Weserstadion bevorsteht. Die erste Hälfte plätscherte gemütlich vor sich hin, erst nach der Halbzeitpause fielen die entscheidenden Tore…« Die Fans auf dem Bahnsteig würden zum Zuhören gebracht und vom Randalieren abgehalten. Zwischendurch könnte Lars Schlagermusik auflegen und eine nichtaggressive Stimmung verbreiten. Direkt vor Ort könnte er so auf die Situation am Bahnsteig einwirken.

Lars bietet diese Idee den Verkehrsbetrieben an und moderiert nun zu jedem Heimspiel den S-Bahnhof am Stadion. Die ersten beiden Male arbeitet er zur Probe und ohne Honorar, später bezahlt ihn die S-Bahn gern für sein buntes Programm. Zusätzlich konnte eine Radiostation als Sponsor für die Mini-Sportshow gewonnen werden. Vor allem aber sammelt Lars wertvolle Erfahrungen für sein berufliches Ziel. Und das ist natürlich: Sportreporter. (Diese Bahnsteigsendung gab es tatsächlich jahrelang am S-Bahnhof Olympiastadion in Berlin. Sie hieß *Die Fummler.* Ihr Erfinder ist heute Sportreporter beim NDR.)

So kann sich Lars mit einer guten Idee seinen ersten Arbeitsplatz selbst schaffen. Und was könnte bei einer Bewerbung mehr überzeugen als das unternehmerische Denken und die Kreativität, die der Nachwuchsreporter an den Tag legte? Später kann Lars es sich sparen, umständliche Bewerbungsbriefe mit Selbstanpreisungen zu schreiben:»Ich verfüge über unternehmerisches Denken, Kreativität und Kommunikationsfähigkeit…«

Ein solches Berufseinstiegsprojekt dient auch dazu, Arbeitgeber auf sich aufmerksam machen. Spinnen Sie den Gedanken weiter: Wie kann die Branche von Ihnen erfahren? Wenn

Sie beispielsweise gute Unterwasseraufnahmen machen, dann stellen Sie sie ins Internet, damit eine Filmproduktion, die eine Szene unter Wasser filmen muss, Sie finden kann. Veranstalten Sie eine Open-Air-Modenschau mit Ihrer ersten Hutkollektion und schreiben Sie ein Hutblog. Ihre Freundinnen und Freunde müssen modeln, die Fotos kommen auf Ihre Website. Wenn Sie Konzertveranstalter werden wollen, suchen Sie eine Nachwuchsband an der Uni, die Ihr Management brauchen kann. Bringen Sie sie auf einem Festival unter, suchen Sie nach einem neuen Schlagzeuger und produzieren Sie das Video des vielversprechendsten Songs für YouTube.

Wenn Sie DJ werden wollen, veranstalten Sie Partys in der Kneipe eines Freunds und spielen Sie auf Kanzlei-Eröffnungen und Betriebsjubiläen für eine Anerkennungsgage, die Sie jedes Mal um zehn Euro erhöhen. Spätestens beim dritten Mal wird Sie erfahrungsgemäß jemand ansprechen und fragen, ob Sie auf seiner Hochzeit auflegen können. Danach organisieren Sie mit fünf anderen DJs eine Straßenparade. Dort lernen Sie jemanden kennen, der für die Spätschiene eines Radiosenders eine Vertretung sucht. Drei Sendungen später stellt man Sie in der örtlichen Tageszeitung unter der Rubrik *Lokale Karrieren* vor. Den Artikel liest jemand, der für eine Dokumentation gerade händeringend einen Musikexperten sucht, der sich mit Popmusik aus verschiedenen Ländern auskennt. Und so weiter.

Sich auf diese Weise seinen ersten Arbeitsplatz selbst zu schaffen hat einen entscheidenden Vorteil: Bereits vor Ihrer ersten Anstellung sind Sie dort tätig, wo Sie tätig sein wollen. Damit beweisen Sie neben unternehmerischem Denken Begeisterung für die Sache und überdurchschnittliches Organisationstalent. Noch wichtiger aber ist, dass Sie so leicht die überall geforderten ersten beruflichen Erfahrungen sammeln können.

Wenn Sie studieren und nebenbei jobben, achten Sie darauf, dass Sie nicht ausgerechnet in einer Kneipe Bier ausschenken (es sei denn, Sie wollen in die Gastronomie oder ins Brauereiwesen). Das verschafft Ihnen zwar das nötige Kleingeld, bringt Sie beruflich gesehen aber nicht nach vorn. Wählen Sie stattdessen einen Nebenjob, der wenigstens in irgendeiner Form mit Ihren beruflichen Vorstellungen zu tun hat: Wenn Sie Hundetrainerin werden wollen, verkaufen Sie Tierfutter auf Provision. Wenn Sie später bei einem großen Messeveranstalter arbeiten wollen, suchen Sie sich einen Job als Messehostess. Wenn Sie Bandmanager werden wollen, jobben Sie als Roadie. Dort, wo Sie arbeiten – auch wenn es nur ein Aushilfsjob ist –, bekommen Sie Einblicke, lernen Leute aus der Branche kennen und sammeln Erfahrungen. All das gehört zu Ihrem Kapital! Ein Sprichwort in der Medienbranche lautet:»Wer als Kabelträger anfängt, endet immer irgendwann als Aufnahmeleiter.«

Auch ein ehrenamtliches Engagement kann ein Türöffner sein. Wer aus der Amtsstube in eine Jugendaustauschorganisation wechseln möchte, sollte als Erstes Mitglied werden und nach Möglichkeiten suchen, sich ehrenamtlich einzubringen. Wenn dann eine Stelle frei wird, werden Sie hoffentlich als Erster davon erfahren.

Lassen Sie sich dabei nicht von den Hiobsbotschaften vom Arbeitsmarkt entmutigen. Irgendeine Sau wird immer durchs Dorf getrieben. Wenn der Wald gerade nicht stirbt und das Öl nicht ausgeht, wenn kein Kernkraftwerk explodiert und kein Schüler seine Mitschüler erschießt, dann muss die angebliche Massenarbeitslosigkeit als Schlagzeile her.»Juristen ohne Chance« verkauft sich besser als »Bei den Juristen ist alles okay«. Diese Katastrophenmeldungen korrespondieren gut mit der Orientierungslosigkeit vieler Berufsucher. Machen Sie sich klar, dass selbst das ein Vorteil für Sie sein könnte: Je mehr Leute frustriert zu Hause sitzen, umso weniger Konkurrenz.

Damit sollen die Schwierigkeiten von Menschen, die nach 20 Jahren Betriebszugehörigkeit aus dem Fernsehen von ihrer Standortschließung erfahren, nicht verharmlost werden. Aber auch sie werden sich fragen: Soll ich mich mit ein paar Umschulungen bis zur Rente durchschlagen? Oder kann ich die schwierige Situation für etwas Neues nutzen, das vielleicht besser zu mir passt?

Optimismus allein ist natürlich keine Erfolgsgarantie. Wenn Sie aber bei der Verwirklichung Ihres beruflichen Plans mit der in diesem Buch vorgestellten Methode vorgehen, dann haben Sie Ihre Chancen bereits um ein Vielfaches erhöht – denen gegenüber nämlich, die ohne Methode vor sich hinwursteln.

Eine Teilnehmerin:»Das hört sich alles ein bisschen so an wie für Leute, die einfach zu viel Energie haben.«

Ihr Nachbar:»Ist doch besser, man nimmt sein Leben selbst in die Hand, als immer nur darauf zu warten, was andere einem vorsetzen.«

Zusammenfassung *Sie haben gesehen, wie man sein eigenes Leben als Grundlage für die Berufsfindung nutzen kann: Man sucht nach Situationen, an denen man Fähigkeiten und Motivationen ablesen kann. Dann entwickelt man aus diesen Fähigkeiten und Motivationen berufliche Tätigkeitsgebiete. Für die Verwirklichung solcher Berufsprojekte aktivieren Sie Ihr persönliches Kapital aus Ideen, Informationen und Kontakten. Erste Berufserfahrungen machen Sie am besten mit einem eigenen kleinen Projekt oder dort, wo es bereits Strukturen von ehrenamtlicher Arbeit gibt. Machen Sie Praktika, assistieren Sie und suchen Sie nach »ganz einfachen« Einstiegsmöglichkeiten! Auf diese Weise verlieren Sie nicht so schnell den Mut und schaffen Voraussetzungen dafür, dass sich erste Erfolgserlebnisse*

einstellen. Außerdem machen Sie zukünftige Arbeit- und Auftraggeber auf sich aufmerksam.

Für manche Berufe werden Sie noch eine Ausbildung oder ein Studium absolvieren müssen. Auch, wenn Sie schon über 30 sind, sollte
Sie das nicht abschrecken. Wer 35 ist, hat noch 35 Jahre Berufstätigkeit vor sich. Wie die einzelnen Schritte für Sie aussehen könnten,
erarbeiten Sie im zweiten praktischen Teil dieses Buchs.

Noch ein Tipp mit auf den Weg: Wer so vorgeht wie beschrieben,
wird schnell entdecken, wie viel Spaß Berufsfindung machen kann.
Schließlich handelt es sich dann nicht mehr um eine von außen an
Sie herangetragene Belastung (»Was willst du denn jetzt werden?«),
sondern um eine kreative Beschäftigung mit sich selbst. Bevor wir
nun zu den praktischen Übungen kommen, sollen noch einige häufig
gestellte Fragen beantwortet werden.

Zehn Fragen zur Individuellen Berufsfindung

Im Folgenden werfen wir einen Blick auf zehn häufige Fragen zur *Individuellen Berufsfindung* – und die Antworten dazu.

1. Für wen eignet sich Individuelle Berufsfindung?

Dieses Buch zeigt Berufssuchern eine Methode, ihre eigenen beruflichen Ziele auszuloten. Damit ist *Der Job, der zu mir passt* für alle geeignet, die sich beruflich orientieren oder umorientieren möchten: Schüler, Studenten, Berufstätige und Arbeitslose lernen, sich systematisch mit der Frage auseinanderzusetzen, wie sie ihr (berufliches) Leben gestalten möchten. Die Methode setzt dabei keine bestimmte Qualifikation voraus, sondern die Bereitschaft, seine bisherige Biografie zu durchleuchten und neue Wege der Berufsfindung zu gehen.

Schüler und Schülerinnen
Schüler sind in Sachen Berufsberatung oft gebrannte Kinder. So wie der Abiturient Volker, der sich für einen Ausbildungs-

platz in der Werbung interessierte. Die Berufsberaterin winkte jedoch ab: In der Werbung gäbe es keine Stellen. Stattdessen fragte sie:»Haben Sie Latein gehabt?« Und:»Was ist Ihr Vater von Beruf?« Da Volker Latein gehabt hatte und sein Vater Beamter war, stand die Empfehlung der Berufsberaterin fest:»Dann studieren Sie doch Jura!« Schließlich sprächen Lateinkenntnisse für logisches Denkvermögen und die Beamtenfamilie für die nötige Staatstreue.

Vielleicht aber hätte Volker seine Lateinkenntnisse viel lieber dazu genutzt, Französisch und Italienisch zu lernen und Sommelier zu werden? Oder er hätte sein logisches Denkvermögen lieber dazu genutzt, Erfinder zu werden? Oder Mathematikprofessor? Oder Informatiker? Vielleicht mochte er seinen Vater nicht sonderlich und dachte deshalb gar nicht daran, ihm in Sachen Staatstreue nachzueifern.

Anekdoten dieser Art von Berufsberatung in Schulen gibt es tausendfach. Die meisten sind am Ende schlecht beraten, da auf ihre persönlichen Wünsche nicht eingegangen wird. Vielleicht bietet ein Amt auch nicht unbedingt den Rahmen für den kreativen Umgang mit eigenen Wünschen, Träumen und Zukunftsvorstellungen. Die *Individuelle Berufsfindung* dagegen setzt genau an diesem Punkt an: bei der Frage, was der Berufssucher eigentlich will.

Studenten und Studentinnen
Bei Studentinnen und Studenten ist die Orientierungslosigkeit oft am schlimmsten. Nach vielen Jahren an der Hochschule fürchtet man den Schritt hinaus in die richtige Welt, nicht aus Faulheit, sondern weil man nicht weiß, was man dort machen kann – oder will.

Mein erster Workshop *Individuelle Berufsfindung* richtete sich 1996 noch an Studenten der Geisteswissenschaften, die traditionell besonders vage Vorstellungen von Berufen haben. Später kamen zahlreiche Teilnehmer aus den medizinischen, juristischen und ingenieurwissenschaftlichen Studiengängen hinzu, die sich in den naheliegenden Berufsbildern nicht sehen konnten. Viele von ihnen waren auf der Suche nach neuen Möglichkeiten, ihr Wissen und ihre Qualifikation einzusetzen. Viele berichteten, dass die Jahre an der Universität ihrem Selbstbewusstsein in puncto Berufswahl nicht gerade gutgetan hatten. Einer kommentierte es so:»Kann es etwas geben, das Depressionen mehr fördert, als wochenlang allein am Schreibtisch zu sitzen, eine Hausarbeit zu schreiben und nicht mal zu wissen, wofür?«

Arbeitslose

Arbeitslose, die sich für *Individuelle Berufsfindung* interessieren, wollen die Zeit der Arbeitslosigkeit oft für eine berufliche Neuorientierung nutzen. Sie wollen nicht einfach weitermachen wie bisher und sich eine neue Stelle im alten Beruf suchen. Viele ahnen, dass sie dort bessere Chancen haben, wo sie von sich aus motiviert sind zu arbeiten.

Trotz der psychischen Belastung durch die Arbeitslosigkeit hat die Situation auch Vorteile: Wer arbeitslos ist, kann mehr Zeit, Energie und Nerven in die Berufsfindung investieren – im Gegensatz zu denen, die täglich acht, zehn oder zwölf Stunden am Arbeitsplatz verbringen. Mit mehr Schubkraft stellen sich dann in den meisten Fällen auch schneller erste Erfolge ein. Manche haben von ihrem letzten Arbeitgeber eine Abfindung bekommen, die nun in ein neues berufliches Projekt investiert werden kann.

Nicht verschwiegen werden soll, dass Arbeitslosigkeit unterschiedliche Gründe haben kann. Nicht jede dieser Ursachen lässt sich durch ein neues berufliches Ziel verändern. Ich habe

Leute im Seminar gehabt, die Alkoholiker sind, unter schweren Depressionen leiden, spielsüchtig sind oder in einer zerrütteten Beziehung leben, sich aber nicht trennen wollen. In jedem Fall muss man einzeln schauen, ob es möglicherweise andere Probleme gibt, die *vor* der Berufsentscheidung geklärt werden müssen.

Berufstätige

Viele Berufstätige fühlen sich an ihrem Arbeitsplatz nicht wohl, entweder, weil sie eher durch Zufall irgendwo reingerutscht sind, oder weil ihr Arbeitsalltag ganz anders ist als ursprünglich angenommen. Vielen fehlt der Ansatz, in welche neue Richtung sie sich entwickeln wollen.

Heute haben die meisten Teilnehmer meiner Seminare ganz normale Berufe: Banker, Krankenschwester, Unternehmensberaterin, Controller, Sekretärin, Autoersatzteilverkäufer, Apothekerin, Personalsachbearbeiter, Steuerberater, Erzieher … Viele sind nur durch Einfluss ihrer Eltern und nicht durch eine eigene Entscheidung in den Beruf geraten: Sie sind Rechtsanwälte, weil ihre Eltern Rechtsanwälte sind, oder Einzelhandelsverkäufer, weil ihre Eltern einen Supermarkt betreiben. Oder sie sind Ärzte, weil ihre Mutter eigentlich Ärztin werden wollte, den Berufswunsch aber aufgrund äußerer Umstände nicht verwirklichen konnte. Gemeinsam ist ihnen, dass die Entscheidung für den Beruf nicht die eigene war. Zu diesem Thema erfahren sie mehr im Kapitel »Dunkle Linien der Berufsfindung«.

Das bedeutet übrigens nicht, dass Controller oder Krankenschwester per se ein schlechter Beruf wäre. Im Gegenteil: Während dieser Manuskriptüberarbeitung betreue ich drei Frauen auf dem Weg zur Krankenschwester (beziehungsweise Gesundheits- und Krankenpflegerin, wie es heute heißt). Eine hat vorher Sozialwissenschaften studiert, eine Biologie, eine war Floristin. Ein Beruf ist fast nie per se gut oder schlecht. Ein Beruf passt, oder er passt nicht.

Andere Berufssucher und -sucherinnen
Neben Schülern, Studenten, Arbeitslosen und Berufstätigen ist dieses Buch ebenfalls geeignet für Leute, die von der Freiberuflichkeit ins Angestelltenverhältnis oder umgekehrt wechseln wollen, für Mütter, die nach der Kinderpause nicht in den alten Beruf zurückwollen, und für die, die sich bislang zu überhaupt nichts entschließen konnten. Erfolgreich im Beruf wird, wer seine Sache liebt und dieses Engagement seinem zukünftigen Arbeit- oder Auftraggeber vermitteln kann.

2. Ist Individuelle Berufsfindung überhaupt realistisch?

Wer über Befriedigung im Beruf, Spaß an der Arbeit und vielleicht sogar über Traumberufe spricht, wird schnell mit Resignation und Aggressivität konfrontiert.»Heute kannst du froh sein, wenn du überhaupt etwas kriegst«, lautet die gängige Antwort. Auf der Suche nach Herzenswünschen wird man schnell zum Spinner gestempelt.

Dabei lag die Arbeitslosigkeit in den letzten Jahren im Bundesdurchschnitt deutlich unter 10 Prozent, zeitweise unter 7 Prozent. Die Akademikerarbeitslosigkeit liegt traditionell noch darunter, durchschnittlich bei etwa bei 3 bis 4 Prozent. Bereits ab 5 Prozent spricht man von Vollbeschäftigung. Denn natürlich wird es immer Leute geben, die nicht arbeiten, weil sie nicht können, weil sie nicht wollen, weil irgendetwas ist …

Nun kann man behaupten, diese Zahlen seien schöngerechnet, da sie Leute, die sich in geförderten Maßnahmen befinden, nicht einschließen. Dagegen könnte man sagen, dass aber auch eine Reihe von Leuten arbeitslos gemeldet ist, die in Wirklichkeit arbeiten, nämlich schwarz. Doch egal, wie man es rechnet: Von Massenarbeitslosigkeit kann keine Rede sein.

Aber selbst wenn die Zahlen eines Tages schlechter wären, würde es für jeden Berufssucher umso wichtiger, sich zu orientieren und konkret darüber nachzudenken, wo und was er arbeiten will. Denn nur dort wird er in der Lage sein, mit den zwangsläufig auftretenden Rückschlägen fertigzuwerden. Niemand kann es sich leisten, auf den Zufall zu hoffen und sich ohne einen konkreten Plan ziellos in der Arbeitswelt zu bewerben.

Wer unterschwellig signalisiert: »Ich weiß nicht genau, was ich will«, hat denkbar schlechte Chancen, egal, wie gut oder mies der Arbeitsmarkt gerade ist. »Wie soll so einer in meiner Firma ein Ziel erreichen?«, schießt es manchem Arbeitgeber beim Anblick eines durchschnittlich desorientierten Bewerbers durch den Kopf. Sich der Frage zu stellen, auf welchem Gebiet man etwas erreichen möchte, ist daher nicht luxuriös, sondern schlicht notwendig.

Vielleicht ist die Vorstellung »Wenn es mir Spaß macht, ist es sicher kein richtiger Beruf« auch ziemlich deutsch. Beruf klingt (trotz des religiösen Ursprungs) in unseren Ohren nach Disziplin und Pflichterfüllung. Auch wenn wir auf diese preußischen Tugenden in vielerlei Hinsicht stolz sein können, so kann ich für die Berufswahl nur davon abraten: Niemand wird ein guter Architekt, wenn er der Architektur nur mit Disziplin, aber ohne Leidenschaft nachgeht. Niemand wird ein guter Lehrer, Tontechniker oder Winzer, wenn ihm nichts am Unterrichten, an der Musik oder am Champagner liegt.

3. Wie lange brauche ich für Individuelle Berufsfindung?

Prinzipiell ist es möglich, dieses Buch an einem Wochenende durchzuarbeiten. Das hat den Vorteil, dass das Gehirn am Thema bleibt. Man kann auch täglich einen Schritt in Angriff nehmen. Wichtig ist, dass Sie dranbleiben und keine größeren Lücken entstehen lassen.

Wie lange die Umsetzung Ihres beruflichen Plans braucht, hängt davon ab, was Sie erreichen wollen. Eine Eisdiele mit Spezialisierung auf Wintereis (Lebkucheneis, Glühweineis, Christstolleneis, heiße Beeren, Zimtwaffeln mit Eis) lässt sich schneller eröffnen, als ein hohes Amt in einer internationalen Menschenrechtsorganisation zu übernehmen. Manche Pläne erfordern eine neue Ausbildung oder ein Studium, manche kann man durch einige gute Bewerbungen relativ schnell umsetzen.

Ein Beispiel: Milla wollte vom Versicherungscontrolling in die Modebranche wechseln. Einen MBA in Vertrieb und Marketing brachte sie mit. Russisch konnte sie ebenfalls, denn sie ist in Sibirien geboren. Sie schrieb fünf Bewerbungen und fuhr dann zur Modemesse nach Moskau. Dort stellte sie sich bei einem deutschen Textilunternehmen vor und konnte wenige Monate später als stellvertretende Vertriebsleiterin Osteuropa anfangen.

Apropos Bewerbungen: Bewerben Sie sich keinesfalls blind auf möglichst viele Stellen. So eine Gießkannenbewerbung kann zwar auch einmal Erfolg haben; man sollte aber nicht darauf setzen. Oder anders: Wenn Sie 100 Bewerbungen schreiben und keine Einladung zum Vorstellungsgespräch bekommen, dann stimmt etwas mit der Bewerbung nicht. Das können formale Fehler sein, manchmal auch ein ganz und gar unglückliches Foto. Viel wahrscheinlicher aber ist, dass die gesamte Berufsfindungs- und Bewerbungsstrategie noch unausgegoren ist.

4. Soll ich mich lieber auf ein Ziel festlegen oder mir möglichst viele Optionen offenhalten?

Wo ein Wille ist, ist ein Weg, weiß der Volksmund. Wenn Sie aber kein klares Ziel haben, wird es schwierig, geeignete Umsetzungsschritte zu entwickeln. »Ich will etwas mit Medien machen« ist dabei noch kein konkretes Ziel. Es hört sich eher an, als würden Sie einer Vorstellung vom lockeren Leben hinterherlaufen. Besser also, Sie formulieren: »Ich werde Kamerafrau«, »Ich werde Tontechniker« oder »Ich werde Schauspieler«. Denn sonst können Sie gar nicht entscheiden, ob Sie sich für die Aufnahme an einer Schauspielschule vorbereiten oder lieber ein Praktikum in einem Tonstudio machen.

Denken Sie nicht, Sie lösen dieses Problem, indem Sie sich für die Aufnahme an einer Schauspielschule vorbereiten *und* ein Praktikum bei einem Tonstudio machen. Erstens endet das meistens damit, dass man nichts richtig, sondern alles nur halbherzig macht. Zweitens sind Sie damit immer den Bewerbern und Bewerberinnen unterlegen, die sich auf *eine* Sache konzentrieren. Drittens ist es gar nicht möglich, sich verschiedenen Zielen mit Haut und Haaren zu verschreiben. Aber das ist das, was der Volksmund meint: Wenn man sich einer Sache verschreibt, dann öffnen sich auch Türen, die vorher fest verschlossen waren. Das funktioniert aber nicht, wenn man sich nicht entscheiden will und sich das Ganze auch noch schönredet mit: »Ich möchte mir möglichst viele Optionen offenhalten.« Das ist nicht Flexibilität, sondern Entscheidungsschwäche.

In diesem Buch geht es also auch darum, ein ganz eigenes und spezielles Betätigungsfeld für Sie zu finden. Oft ist gerade die Spezialisierung eines Reiseveranstalters oder Rechtsanwalts der Dreh zum Erfolg. Zur Illustration: Angenommen, Sie werden nach einer Blinddarmoperation das Gefühl nicht los, der Arzt hätte den Tupfer in Ihrer Bauchhöhle vergessen. Sie suchen nun einen Rechtsanwalt, der den Fall übernimmt. Dabei wenden Sie sich vermutlich nicht an einen, der alles macht und alles kann (Mietstreitigkeiten, Scheidungen, zu hohe Handyrechnungen, Verkehrsdelikte), sondern an einen Anwalt, der sich auf Ärztefehler spezialisiert hat.

Ein Architekturbüro, das eine Fotografin sucht (zum Beispiel für die Werkschau der betreuten Baustellen), wird den Auftrag an eine Spezialistin für Architekturfotografie vergeben. Ebenso zieht ein Textilunternehmen, das neue Outdoor-Materialien entwickelt, einen Chemiker mit genau diesem Spezialwissen allen anderen Bewerbern vor. Ein Olympiastützpunkt engagiert einen Physiotherapeuten, der sich auf die Betreuung von Spitzensportlern spezialisiert hat. Es lohnt sich also, das ewige Offenhalten zu beenden und sich festzulegen. Mit einer Spezialisierung zeigen Sie Ihrem zukünftigen Arbeitgeber, warum er gerade Sie einstellen soll (und nicht die, die sich alle Möglichkeiten offengehalten haben).

Bei der Suche nach der richtigen Spezialisierung dienen die eigenen Wünsche und Fähigkeiten als Wegweiser, aber auch persönliche Erlebnisse oder Bezugspersonen. Suchen Sie sich daher innerhalb eines Tätigkeitsgebiets eine Spezialisierung oder eine Zielgruppe, auf die Sie wirklich Lust haben. Ihr Fachwissen muss so gut sein, dass Ihr zukünftiger Arbeitgeber oder Ihre zukünftigen Kunden gar nicht darauf verzichten *können*. Mehr dazu finden Sie in Schritt 5 des Workshops in Teil II.

5. Wer garantiert mir, dass Individuelle Berufsfindung auch funktioniert?

Garantien gibt es in der Berufsfindung genauso wenig wie im restlichen Leben. Jedenfalls nicht die Garantie, dass alles so kommt wie erhofft. Schon eher kann man garantieren, dass es sich lohnt loszugehen.

Mithilfe der *Individuellen Berufsfindung* legen Sie zwei Dinge fest: Ihr berufliches Ziel und den Weg dorthin. Damit allein haben Sie Ihre Chancen auf dem Arbeitsmarkt bereits um ein Vielfaches erhöht, und zwar denen gegenüber, die weder ein Ziel noch eine Strategie haben – und das sind viele.

Der Rest wird sich an Ihrem persönlichen Einsatz entscheiden, an Ihrem Durchhaltevermögen und Ihrer Fähigkeit, den inneren Schweinehund zu bekämpfen. Wer ein berufliches Ziel gefunden hat, das ihn wirklich motiviert, kann Blockaden schneller überwinden. Glück spielt auch eine Rolle, aber meistens ist es das Glück der Tüchtigen.

Wenn Ihnen auf dem Weg zum beruflichen Erfolg Zweifel kommen, so akzeptieren Sie diese als vollkommen normale Erscheinung. Die meisten haben jahre- und jahrzehntelang diverse Abwehrmechanismen trainiert, wenn es darum geht, das eigene Schicksal in die Hand zu nehmen. Einer dieser Mechanismen ist die Produktion von Versagens- und Verlustängsten. Sind Sie wieder einmal an dem Punkt angelangt, an dem Sie »ganz sicher« sind, dass Ihre beruflichen Pläne niemals funktionieren werden, halten Sie sich einige Situationen vor Augen, in denen Sie stolz auf sich selbst waren. Dann wird Ihnen wieder bewusst, dass man ziemlich viel schaffen kann, wenn man es sich erst einmal in den Kopf gesetzt hat.

6. Und wenn ich nicht genug Zeit dafür habe?

Mitten in einer Radiosendung zum Thema *Individuelle Berufsfindung* ruft eine Zuhörerin an: »Wie soll ich mich mit diesen Dingen beschäftigen, wenn ich eine Masterarbeit schreibe, meinen Lebensunterhalt verdiene und zusätzlich noch als alleinerziehende Mutter 24 Stunden am Tag Krisenmanagement betreibe?«

Natürlich ist die Suche nach dem maßgeschneiderten Beruf arbeitsaufwändig. Ohne Anstrengung wird es nicht gehen. Es wird vermutlich nicht einmal ohne extreme Anstrengung gehen. Und es kann Punkte im Leben geben, an denen ein Berufswechsel schlicht unmöglich ist. Oder an denen es sehr, sehr schwer ist, sich auf seine beruflichen Ziele zu konzentrieren.

Doch eins wird Ihnen helfen: Ein berufliches Ziel festzulegen und loszugehen bringt oft unsere besten Seiten zum Vorschein. Man wird fleißiger, disziplinierter, wacher, umtriebiger, kreativer und vielleicht sogar schlauer. Es wird dann einfacher, beispielsweise ein Studium mit all seinen Widrigkeiten abzuschließen. Denn immerhin weiß man, wofür die ganze Paukerei letztendlich gut sein soll. Auch hier gilt: Wenn Sie etwas wirklich wollen, finden Sie erfahrungsgemäß auch die Zeit dazu. Ein Teilnehmer formulierte das in einem Workshop so: »Wenn ich verliebt bin, kann ich auf einmal die unglaublichsten Dinge schaffen. Also muss man ein Berufsziel finden, in das man sich genauso verliebt.«

7. Wer hilft mir, wenn ich nicht weiterkomme?

Zu Beginn Ihres Berufsfindungsvorhabens engagieren Sie ein Unterstützungskomitee aus zwei bis vier Freundinnen und

Freunden, die Ihnen während Ihrer Berufsfindung zur Seite stehen. Kein Berufssucher bleibt von Phasen verschont, in denen er Schwierigkeiten hat, den nächsten Schritt zu planen, oder in denen er sich einfach nur wenig zuversichtlich fühlt.

Leider finden die meisten Berufssucher in ihrem Umfeld wenig Unterstützung. Eigentlich braucht man keine Feinde, wenn man Freunde hat, die sagen »Das wird doch sowieso nichts«, »Das wollen doch heute alle«, »Das kannst du doch gar nicht« und »Damit kann man kein Geld verdienen«. Das alles gehört zum Standardrepertoire der Bedenkenträger. Dazu ein Tipp: Wenn Sie Unterstützung suchen, wenden Sie sich nicht an Menschen, die selbst frustriert sind. Diese haben häufig ein ganz eigenes Interesse daran zu beweisen, dass es nicht möglich ist, seine Träume zu verwirklichen. Argumente wie »Heutzutage kann man keine Ansprüche stellen« oder «Mit 30 ist der Zug abgefahren« sollen nur die eigene Bequemlichkeit oder Veränderungsangst rechtfertigen.

Machen Sie sich also lieber auf die Suche nach Menschen, die ihre Ideen verwirklicht haben und die begeistert von ihrem Job sind. Die eignen sich tausendmal besser für Ihr Unterstützungskomitee. Dabei geht es nicht so sehr um konkrete Ratschläge, sondern mehr darum, durch andere Menschen Verbindlichkeiten für sich selbst zu schaffen. Viele Vorhaben scheitern nämlich daran, dass der Berufssucher einen Fundus an Vermeidungsstrategien bereithält, um gerade erst beschlossene Schritte auf keinen Fall in die Tat umsetzen zu müssen.

Daher empfiehlt es sich, einen Freund einzuschalten, der einem gegebenenfalls auf die Füße tritt. Rufen Sie ihn an, sobald Sie eine Entscheidung gefällt haben. Teilen Sie ihm mit, bis wann Sie Ihren nächsten Schritt in die Tat umgesetzt haben wollen. Verabreden Sie, dass er Sie anruft und kontrolliert. Sie können Ihrem Freund, Ihrer Freundin auch eine Kopie Ihres schriftlich ausgearbeiteten Plans schicken. Bei Ankunft des

Plans gilt der Inhalt als verbindlich. Ganz Mutige dokumentieren ihren Fortschritt auf Facebook oder einer eigenen Website. Das hat zwar den Nachteil, dass möglicherweise auch Misserfolge öffentlich werden. Auf der anderen Seite bekommt man eine Menge Input.

Undefinierbare Motivationsprobleme können Sie also lösen, indem Sie sich von anderen unterstützen lassen. Doch was ist mit konkreten Problemen? Wen können Sie fragen, wenn Sie beispielsweise an bestimmte Informationen einfach nicht herankommen?

Eigentlich ist die Informationsbeschaffung heute viel leichter als 1998, als ich die erste Fassung dieses Buchs schrieb. Damals gab es noch kein Internet (jedenfalls nicht für jeden zu Hause oder auf dem Smartphone, was man sich heute kaum noch vorstellen kann). Viele Informationen gab es nur in Archiven und Bibliotheken, oder man musste sie sich umständlich zuschicken lassen. Heute findet man fast alles schnell im Netz und muss sich eher mit der Auswertung der gefundenen Informationen beschäftigen.

Sollte die Suchmaschine bei irgendeiner Frage wider Erwarten nicht erfolgreich sein, wenden Sie sich an Menschen, die dort tätig sind, wo Sie hinwollen – oder die dort tätig waren. Schildern Sie Ihr Problem und fragen Sie. Je konkreter Sie fragen, desto bessere Antworten werden Sie erhalten. Fragen Sie also nicht:»Ich würde so gern was mit Umweltschutz machen, haben Sie nicht eine Idee, was?« Sondern:»Ich würde mich gern bei Herrn Dr. Wichtig um ein Praktikum bewerben. Ich habe gesehen, dass Sie lange in Münster zusammengearbeitet haben. Können Sie sich zufällig erinnern, über was er seine Dissertation geschrieben hat? Darf ich ihm Grüße von Ihnen ausrichten? Das würde mir den Einstieg erleichtern.«

Behalten Sie im Kopf: Wenn in Ihrer Berufsfindung Probleme auftauchen, so ist das noch lange kein Grund aufzugeben.

Beweisen Sie stattdessen Problemlösungskompetenz und finden Sie Mittel und Wege. Wenn Ihnen keine einfallen, fragen Sie jemanden, der erfahrener ist als Sie. Aber lassen Sie sich nicht auf halbem Weg von lösbaren Problemen entmutigen.

Und jetzt kommt doch noch ein großes *Aber,* beziehungsweise ich warne noch einmal wie oben: Es mag nett und unglaublich motivierend sein, sich von anderen beim Karrierebauen unterstützen zu lassen. Aber mit seinen Veränderungswünschen appelliert man schnell an die Veränderungsängste der anderen. Die reagieren dann vielleicht panisch oder aggressiv. Vielleicht würden sie sich selbst gern verändern, trauen sich aber nicht. Oder sie behaupten, sie wollten unterstützen, aber in Wirklichkeit wollen sie lieber verhindern, dass ein Freund oder gar ein Partner sich verändert. Überlegen Sie also ganz genau, wer als Verbündeter infrage kommt. Mit allen anderen sprechen Sie bis auf Weiteres nicht über Ihre beruflichen Pläne. Es ist überflüssig, sich ständig für eigene Wünsche zu rechtfertigen. Sparen Sie sich die Energie lieber, um an Ihrem Plan zu arbeiten. Manchmal muss man eine Sache ganz allein durchziehen.

8. Ist man irgendwann zu alt dafür?

Zu dem Zeitpunkt, an dem ich dieses Manuskript überarbeite, habe ich Berufsanfänger und Berufswechsler von etwa 17 bis 48 Jahren betreut. Ich bin sicher, die 50er Grenze ist bald geknackt. Oft entscheidet sich am Einsatz Einzelner, was möglich ist und was nicht. So wie es auch irgendwann die erste Bundeskanzlerin oder den ersten schwarzen Präsidenten der Vereinigten Staaten gab, obwohl man das jahrzehntelang für ganz und gar unmöglich hielt.

Innerhalb dieser Altersspanne sind die meisten Teilnehmer meiner Seminare zwischen 30 und 40 Jahre alt. Vielleicht ist das ein typisches Alter dafür, seine bisherige Laufbahn infrage zu stellen: Will ich das wirklich machen? Kann das alles gewesen sein? Bin ich bereit, noch einmal von vorne anzufangen und richtig loszulegen? Und manche sind mit 38 Jahren bereiter dazu als mit 28.

Natürlich gibt es Berufe, bei denen das Alter Grenzen setzt: An einer staatlichen Schauspielschule liegt die Altersgrenze bei circa 25 Jahren. Die meisten Journalisten haben mit Ende 20 zumindest einen Fuß in der Redaktion. Bei der Polizei gibt es unterschiedliche Altersgrenzen, aber mit 35 ist es in allen Bundesländern zu spät. Insofern ist es (trotz dem oben Gesagten) immer sinnvoll, seine Berufsfindung so früh wie möglich anzugehen.

Auf der anderen Seite kann das Alter auch Vorteile für den Berufswechsel haben. Vielleicht lässt man sich mit 40 Jahren nicht mehr so viel reinreden wie mit 25. Man ist selbstständiger, weiß mehr über die Welt und über sich selbst. Die Familienplanung ist vielleicht abgeschlossen, und im besten Fall hat man einen Ehepartner, der einen unterstützt. Ein Kinderarzt, eine Rechtsanwältin oder eine Psychotherapeutin kann durch ihr Alter an Seriosität gewinnen. Sie sehen (und jetzt kommt die hoffentlich einzige Plattitüde dieses Buchs): Man muss differenzieren.

9. Was ist mit meinem Kinderwunsch?

Vorab: Wenn man über Berufswechsel nachdenkt, sollte die Kinderwunschsituation geklärt sein. Wenn eine Frau 38 ist und noch zwei Kinder bekommen will, dann ist das möglicherweise nicht der optimale Zeitpunkt für einen Berufswechsel.

Denn dieser erfordert ja, dass man sich mit Haut und Haaren der neuen Sache verschreibt. Gleichzeitig seinen Beruf wechseln und Kinder bekommen zu wollen degradiert eines der beiden Vorhaben zur Nebensache.

Wenn ein Mann Alleinverdiener einer Kleinfamilie ist, in der noch ein Kind kommen soll, dann ist auch das vielleicht nicht der richtige Zeitpunkt für einen Berufswechsel. Denn dieser kostet Zeit, Nerven, Energie und auch Geld, die in so einer Lebensphase eigentlich der Familie zustehen.

Zu all diesen Überlegungen kann jede einzelne Familie eine Ausnahme sein. Ich habe einen Fall betreut, in dem ein Kind geboren wurde, die Mutter Vollzeit arbeiten ging und der Vater seinen Beruf wechselte: Halbtags studierte er Weinbau, halbtags erzog er seinen Sohn. Es gibt Geschichten über Medizinstudentinnen, die während des Studiums zwei Babys geboren haben. Ebenso denkbar ist ein Branchenwechsel nur durch fünf gute Bewerbungen. Auch das ist mir schon gelungen. Es bleibt am Ende eine nicht wegzudiskutierende Spannung: Welcher Sache verschreibt man sich wann? Welches Projekt passt zu welchem Lebensabschnitt?

Für eine Abiturientin oder einen Studenten im ersten Semester dagegen ist die Frage viel leichter zu beantworten: Kümmern Sie sich um Ihren Beruf. Je erfolgreicher und glücklicher man im Beruf ist, desto bessere Voraussetzungen schafft man für die Familienplanung.

10. Was kostet ein Berufswechsel?

Die Sparversion: Lassen Sie neue Bewerbungsfotos machen und schreiben Sie ein paar richtig gute Bewerbungen. Damit kann man einen Wechsel für vielleicht sogar weniger als 100 Euro hinbekommen. Die teurere Version: Sie studieren noch mal Medizin, weil Sie Ärztin werden wollen. Dafür brauchen Sie Erspartes, ein Erbe, einen Sponsor, Eltern, einen Ehegatten oder eine Ehegattin, die Sie immerhin steuerlich absetzen können. Nach einigen Semestern können Sie Nachtwachen im Krankenhaus halten. Ansonsten wird neben einem lernintensiven Studium wie Medizin nicht viel Zeit zum Jobben bleiben. Denn das würde das Studium wieder in die Länge ziehen. Und dadurch würde es wieder länger dauern, bis man Geld mit dem Beruf verdient. Ein Vorteil des Alters kann sein, dass die Kinder aus dem Haus sind und die Eigentumswohnung abbezahlt ist. Ein Vorteil einer Schneider- oder KFZ-Lehre kann sein, dass man schnell Aufträge aus dem Freundeskreis bekommt und so zusätzliches Geld verdienen kann. Am Ende lässt sich die Frage nach den Kosten immer nur am einzelnen Fall beantworten. Deshalb für jetzt noch drei Gedanken zum Thema *Geld* auf den Weg:

1. Natürlich ist es naiv zu glauben, einen Berufswechsel gäbe es umsonst. Aber erfahrungsgemäß scheitert man nicht am Geld. Man scheitert viel eher an seiner Passivität, Veränderungsangst oder mangelnder moralischer Unterstützung durch Partner oder Familie.

2. Geld ist oft die naheliegendste Ausrede (zusammen mit dem Alter), einen Berufswechsel nicht anzugehen. Es ist schwierig und unangenehm, zu sagen»Ich bin einfach nicht bereit dazu, mich so für eine Sache zu engagieren« oder»Ich habe Angst vor Veränderung.« Da ist es oft leichter, eine sorgenvolle Miene aufzusetzen und zu sagen:»Ich würde ja gern …, aber wie soll ich das finanzieren?« Alle Umherstehenden nicken, denn sie fühlen sich in ihrer eigenen Veränderungsangst bestätigt.

3. Es ist legitim, sein Geld eher für einen Australienurlaub oder einen Hausbau auszugeben. Man sollte dann nur nicht sagen: »Ich kann mir einen Berufswechsel nicht leisten.« Ehrlicher wäre es, zu sagen: »Ich habe andere Prioritäten.« Als Berufsberaterin meine ich: Ein Australienurlaub macht besonders viel Spaß, wenn man seinen Beruf liebt und trotzdem mal eine Pause davon braucht. Sonst ist die schönste Reise am Ende nur ein Ablenkungsmanöver.

Teil II

Workshop
Individuelle Berufsfindung

Die Vorbereitung

Dieser zweite Teil leitet Sie dazu an, Ihr berufliches Ziel festzulegen und in die Tat umzusetzen. Vielleicht legen Sie als Erstes eine Mappe mit dem Titel Berufsfindung an. Sie sollte gut aussehen und sich gut anfühlen, damit Sie sie gern zur Hand nehmen. Rein kommt alles, was während Ihrer Berufsfindung einmal wichtig sein könnte: Informationen, Zeitungsartikel, Visitenkarten, Kopien, Gedankenschnipsel, Programme, Fotos, Skizzen … Ideen, die Ihnen bei der Beschäftigung mit Ihren beruflichen Wünschen kommen, notieren Sie dort, und zwar, wenn möglich, sofort. Gute Ideen sind schnell verderbliche Ware.

Zusätzlich brauchen Sie für die nächsten Seiten Papier und Stift. Es ist schwierig, ein Konzept zu erarbeiten, ohne sich etwas dabei aufzuschreiben. Wenn Sie für ein gutes Abendessen einkaufen gehen, dann notieren Sie auch vorher, was Sie nicht vergessen dürfen.

Die unterlegten Kästen bedeuten im Folgenden: Hier bitte schriftlich arbeiten!

Wiederholungen zum Einprägen

Die wichtigsten Punkte der *Individuellen Berufsfindung* werden im Lauf des folgenden Workshops ab und zu wiederholt. Das hat seinen Grund: Je öfter Sie etwas lesen, umso größer ist die Chance, dass Sie es sich einprägen. *Repetition is the mother of skill* – Können kommt von Wiederholung. Der amerikanische Motivationstrainer Anthony Robbins erzählt folgende Geschichte: Ein Pastor war wegen seiner guten Predigten sehr beliebt. Doch eines Sonntags ertappten ihn die Gemeindemitglieder dabei, dass er dieselbe Predigt wie am vorangegangenen Sonntag hielt. Die Gemeinde war peinlich berührt, verhielt sich jedoch aus Höflichkeit ruhig. Als der Pfarrer in den beiden darauffolgenden Wochen wieder dieselbe Predigt hielt, nahmen die Ältesten der Gemeinde ihn beiseite:»Herr Pfarrer, ist Ihnen aufgefallen, dass Sie die letzten Wochen stets dasselbe gepredigt haben?« Dieser antwortete:»Und ich werde weiter dasselbe predigen, bis ihr euch endlich daran haltet.«

Die Selbstreflexion

Also an die Arbeit: Was kann ich? Was will ich? Welcher Beruf passt dazu?

Natürlich hängen »Was kann ich?« und »Was will ich?« zusammen: Was man gerne macht, macht man häufig auch gut, weil man motiviert ist und vorankommen will. Umgekehrt gilt: Was man gut kann, macht Spaß, weil man Erfolgserlebnisse hat und positives Feedback bekommt. Und natürlich auch im Negativen: Was man nicht gut kann, macht nicht so viel Spaß, das Ergebnis wird nicht gut, und das frustriert einen noch mehr.

Schritt 1: Was kann ich?

Obwohl die eigenen Fähigkeiten zur Grundlage der Berufsfindung gehören, tun sich viele schwer mit der Frage »Was kann ich?«. Der amerikanische Berufsberater Richard Bolles behauptet: »*I wouldn't recognize my skills if they came up and shook hands with me* – Ich würde meine Fähigkeiten nicht mal erkennen, wenn sie zu mir kämen und mir die Hand schütteln würden.«[3]

Aus diesem Grund wird in der *Individuellen Berufsfindung* die Frage nach persönlichen Fähigkeiten anhand konkreter Situationen der eigenen Biografie gestellt.

Beispiele

Zur Anregung haben Sie im ersten Teil des Buchs bereits die Geschichte von Norbert gehört, der besonders stolz auf sein Architekturreferat in Rom war. Sandra war stolz, als sie an ihrer Schule den Abiball organisierte. Obwohl ihr selbst der Direktor abriet, wurde das Fest ein voller Erfolg. Das Abendkleid hatte Sandra selbst genäht, was ihr, so fand sie, sehr gut gelungen war. Thorsten war stolz auf sich, als er einem Obdachlosen zu einem Job verholfen hatte und ihm dadurch die Gelegenheit gab, wieder auf die Beine zu kommen. Er ist außerdem stolz auf seine Kochkünste und macht asiatische Buffets für bis zu 100 Personen.

Christopher hatte seinen kleinen Bruder aus der Lethargie geholt und dazu gebracht, sich einen Ausbildungsplatz zu suchen. Er war stolz, als er auf einer Konferenz in Russland (auf die er eher zufällig geraten war) Deutsch, Englisch und Russisch gedolmetscht hatte. Ella war stolz, dass sie vier Wochen allein mit dem Fahrrad durch Uganda gefahren war. Im Jahr darauf war sie fünf Tage durch den Fish River Canyon in Namibia gewandert – mit allem, was sie brauchte, auf dem Rücken. Dagmar war stolz auf ihre Fotoausstellung, Rudi auf seine Erfolge als Nachhilfelehrer und Svenja auf ihren 1. Platz beim Kurzkrimiwettbewerb.

Wie Sie sehen, gibt es für diese Aufgabe keine inhaltlichen Beschränkungen. Es geht nicht unbedingt um Schule, Studium oder Beruf. Es kommt auch nicht darauf an, Heldentaten aufzuzählen. Entscheidend ist, dass die Situationen Ihnen etwas bedeutet haben und Sie auf das, was Sie gemacht haben, stolz waren.

Falls Sie jetzt denken:»Mit dem Wort *Stolz* kann ich nichts anfangen«, beachten Sie bitte, dass ein altes deutsches Sprichwort für die Karriere erfunden wurde:»Bescheidenheit ist eine Zier, doch weiter kommt man ohne ihr.«

Wann waren Sie stolz auf sich? Wann haben Sie gedacht:
»Das habe ich wirklich gut gemacht?

Nehmen Sie nun Ihren Berufsfindungsblock zur Hand und notieren Sie einige Situationen, in denen Sie sich selbst auf die Schulter geklopft haben. Denken Sie dabei nicht unbedingt an berufliche Situationen. Die Situationen *können* aus dem Beruf kommen, aber schauen Sie erst einmal in andere Bereiche: Hobbys, Sport, Freizeit, Familie, Urlaub und so weiter.

Möglicherweise benötigen Sie mehr als ein paar Minuten, um solche Situationen in Ihrer Biografie zu finden. Lassen Sie sich die Frage in Ruhe durch den Kopf gehen und lesen Sie erst weiter, wenn Sie sie schriftlich beantwortet haben (und Sie mit Ihrer Antwort zufrieden sind)!

Fähigkeiten analysieren

Nun lassen Sie diese Situationen noch einmal vor Ihrem geistigen Auge ablaufen und überlegen Sie, welche Fähigkeiten Sie dort eingesetzt haben. Ohne welche Ihrer Stärken hätte das Ganze nicht funktioniert?

Ein Beispiel: Michael war stolz auf seine Wahl zum Schülersprecher. Er war in der Jugendorganisation einer Partei gewesen und hatte dort die Fahrt zu einer Großdemonstration mitorganisiert. Er hatte jedem seiner Mitstreiter eine persönliche Mail geschrieben und einige Nächte durchdiskutiert. Während der Demonstration hatte es einige heikle Situationen gegeben, in denen er Streitereien schlichten musste, worauf er ebenfalls stolz war. Danach hatte er einen Kommentar in der Lokalzeitung veröffentlicht und darauf ein Dutzend Lesermails erhalten. Er ist stolz, dass seine Freunde und Freundinnen ihn oft um Rat fragen. Außerdem hat er in seiner Firma die Gründung eines Betriebsrats angeregt.

Michaels Stärken-Liste:

- politisches Bewusstsein
- politisches Handeln
- andere motivieren
- Diplomatie
- guter Ausdruck, mündlich und schriftlich
- aktiv, engagiert, umtriebig
- gutes Standing im Freundeskreis
- Deeskalation
- soziales Engagement
- organisieren
- vertrauenerweckendes Auftreten
- die verschiedenen »Sprachen« der unterschiedlichen Gruppen sprechen
- Selbstbewusstsein

Nun sind Sie dran: Welche Fähigkeiten haben Sie in den Situationen, in denen Sie stolz auf sich waren, eingesetzt?

Fertigen Sie eine Liste Ihrer Fähigkeiten an. Sammeln Sie dabei erst einmal so viel wie möglich. Wir wählen später noch aus.

Selbst- und Fremdeinschätzung

Selbst- und Fremdeinschätzung weichen manchmal voneinander ab. Das bedeutet jedoch nicht, dass die eine Auffassung unbedingt richtig und die andere grundsätzlich falsch ist. Es geht an dieser Stelle eher darum, etwas darüber herauszufinden, wie man auf andere wirkt. Dann kann man seine Selbsteinschätzung mit der Einschätzung von außen vergleichen. Noch sinnvoller kann das Feedback »neutraler« Personen sein, also beispielsweise Ihrer Kunstlehrerin oder Ihres Psychotherapeuten.

Wenn Sie möchten, können Sie daher Ihrem Unterstützungskomitee (oder einer Person, die Sie für geeignet halten) erzählen, wann Sie stolz auf sich waren. Bitten Sie Ihre Freundinnen und Freunde, aufzuschreiben, welche Fähigkeiten und Stärken sie heraushören.[4]

Sie können Ihren Freunden auch mailen und fragen: »Was kann ich Deiner Meinung nach besonders gut?« Schließlich ist es oft einfacher, über die Stärken anderer zu sprechen als über seine eigenen. Oder Sie behelfen sich mit einem Trick: Spielen Sie die Situation im Kopf durch. Was würden Ihre Freunde wohl antworten, wenn Sie sie jetzt anriefen? Was haben sie in der Vergangenheit Positives über Sie gesagt?

Erstellen Sie eine Liste aller Fähigkeiten, die Ihnen von anderen zugeschrieben werden, unabhängig davon, ob Sie zustimmen oder nicht.

Ihre wichtigsten Fähigkeiten

Wenn Sie die Übungen erledigt haben, sollten zwei Listen vor Ihnen liegen: eine mit Fähigkeiten, die Sie selbst analysiert haben, eine zweite mit Fähigkeiten, die Ihnen andere zuschreiben. Lesen Sie diese beiden Listen jetzt durch wie eine große Liste Ihrer Fähigkeiten. Lassen Sie die Sammlung auf sich wirken. Finden Sie sich darin wieder? Sind Sie zufrieden? Wollen Sie etwas ergänzen? Sie können an jeder Stelle Fähigkeiten dazuschreiben.

Dann wählen Sie aus: Welche Ihrer Fähigkeiten tauchen immer wieder auf? Welche Stärken sind zentral? Fassen Sie Vergleichbares zusammen.

Was sind Ihre wichtigsten Fähigkeiten?

Gehen Sie alle Fähigkeiten durch, die Sie bis jetzt notiert haben, und markieren Sie die, die für Sie am wichtigsten sind. Fertigen Sie auf diese Weise aus der langen Liste ein Konzentrat. Was sind Ihre zentralen Fähigkeiten?

Dann formulieren Sie daraus drei klare kurze Sätze unter der Überschrift »Was ich besonders gut kann«. Zum Beispiel: »Ich kann gut Englisch und Französisch. Dazu bin ich sehr sportlich und abenteuerlustig. Am besten komme ich in der Natur und im einfachen Leben zurecht.« Oder: »Ich kann aus schwierigen Kunden zufriedene Kunden machen. Ich kenne mich gut aus mit Make-up und Styling. Außerdem habe ich so viele chaotische Fotoshootings mitgemacht, dass ich so schnell nicht die Nerven verliere.«

Fähigkeiten benennen

Sie haben nun eine Antwort auf die Frage »Was kann ich?«. Stellen Sie sich vor, Ihr potenzieller Chef fragt im Vorstellungsgespräch: »Frau Müller, ich sehe, Ihre Zeugnisse aus der Berufsausbildung sind ausgezeichnet. Aber was können Sie sonst noch? Was sind Ihre Stärken?« Und dann antworten Sie laut und deutlich mit den soeben formulierten Sätzen. Drucksen Sie nicht herum und heben Sie nicht zu umständlichen Erklärungsversuchen an. Sagen Sie einfach und klar, was Sie können. Wenn Sie Lust haben, trainieren Sie es vor dem Spiegel, damit Ihre Sprechwerkzeuge und Ihre Ohren sich daran gewöhnen.

Sie können auch einen Freund engagieren, der die verschiedenen Typen von Personalern im Rollenspiel übernimmt. Er soll Sie erst väterlich, dann grob, dann flirtend, dann uninteressiert nach Ihren Stärken fragen. Das ist ein sehr gutes Training.

Zeichnet mich das alles wirklich aus?

Eine zusätzliche Übung: Viele Berufssucher neigen dazu, ihr Licht unter den Scheffel zu stellen und eigene Fähigkeiten nicht nur vor anderen, sondern auch vor sich selbst herunterzuspielen. Sie halten ihre Stärken für »selbstverständlich« und sind der Meinung, »das kann doch jeder«.

Falls es Ihnen auch so geht, stellen Sie sich die Frage einmal umgekehrt: Stimmt das eigentlich? Kann das wirklich jeder? Ihr Mann, Ihre Frau, Ihre Freundin, Ihr Ex-Chef, Ihre Ex-Kollegin, Ihre Mitschüler? Wer kann es nicht? Vielleicht notieren Sie unter jede Ihrer Hauptfähigkeiten eine Person, die in dieser Sache ganz und gar untalentiert ist. Das schärft hoffentlich das Bewusstsein für Ihre Stärken.

Es geht bei dieser Aufgabe nicht darum, seine Freunde schlechtzumachen. Vielmehr ist Ziel dieser kurzen Übung, sich noch einmal vor Augen zu führen, dass bestimmte Fähigkeiten einen tatsächlich vor anderen auszeichnen. Also: Wem würden Sie die Organisation Ihres nächsten Urlaubs bestimmt nicht überlassen? Wer hätte die Wohnung damals sicher nicht so schön renoviert und eingerichtet? Wer kann lange nicht so gut zeichnen wie Sie?

Wer kann genau das nicht?

Schreiben Sie für jede Ihrer zentralen Fähigkeiten einen Namen auf von jemandem, der das nicht so gut kann wie Sie: Freunde, Kollegen, Familie, Ex-Chefs … (darunter können Sie, wenn Sie wollen, schreiben: »Also zeichnen mich diese Fähigkeiten tatsächlich vor anderen aus.«)

Zusammenfassung *In den vorangegangenen Denkübungen zur Frage »Was kann ich?« haben Sie Situationen notiert, in denen Sie stolz auf sich waren. Daraus haben Sie Ihre Fähigkeiten und Stärken abgeleitet. Sie haben zur Kenntnis genommen, dass Eigenwahrnehmung und Fremdwahrnehmung durchaus in ihren Schwerpunkten variieren. Sie sind nun hoffentlich in der Lage, eine klare Antwort auf die Frage zu geben, was Sie besonders gut können. Heften Sie alle Ergebnisse und Notizen in Ihrer Berufsfindungsmappe ab.*

Schritt 2: Was will ich?

Ein Beruf ist dann der richtige für Sie, wenn er Ihre Motivationen und Wünsche reflektiert. Um herauszufinden, was für ein Beruf das sein könnte, müssen Sie sich also zunächst mehr Klarheit über Ihre Motivationen und Wünsche verschaffen. Das bringt uns zur zweiten Frage der *Individuellen Berufsfindung*: »Was will ich?«

Dazu erforschen Sie noch einmal Ihre bisherige Biografie. Wir suchen nach Situationen, in denen Sie hoch motiviert waren. Und das geht so: Stellen Sie sich vor, Sie sitzen vorm Fernseher und denken: »Eigentlich müsste ich jetzt dieses oder jenes tun oder mir wenigstens mal etwas Gesundes zu essen machen.« Doch es geht irgendwie nicht – Sie sind blockiert.

Zum Glück ist das nicht immer so: Es gibt auch Tage, an denen man motiviert ist und kraftvoll im Leben steht. Manchmal wächst man über sich selbst hinaus und hat das Gefühl, die Welt auf den Kopf stellen zu können. Manchmal blickt man danach zurück und erschrickt, wie viel Aktivität man auf einmal an den Tag legen konnte. Um diese Situationen soll es hier gehen. Es gibt sie nämlich, allen Depressionen zum Trotz: die Bereiche, in denen es Ihnen ganz leichtfällt, etwas zu tun. Auf einmal kostet es Sie keine Überwindung mehr, sich aufzuraffen und initiativ zu sein. Sie müssen nur entdecken, wo Ihr Feuer brennt, dann sind Sie Ihrem Traumberuf einen weiteren Schritt näher.

Beispiele:
Bereits im ersten Teil dieses Buchs haben Sie Enrico kennen gelernt, der als begeisterter Balljunge beim Tennisturnier *German Open* aktiv war. Conny arbeitete nächtelang durch, um eine Ausstellung im *Haus der Russischen Kultur* zu organisieren. Eva hatte sich für ihren Flamenco-Workshop so ins Zeug gelegt, dass es ihr nachher fast unheimlich war. Kurt hatte in den letzten Jahren ein Traumtagebuch geführt und mehr als 1 000 Träume aufgezeichnet. Bettina hatte in einer Kneipe ein Bild gesehen, das sie die ganze Nacht zu Hause nachmalte. Jens war besonders motiviert beim Training mit seinem Hund. Er steht ohne Probleme früh auf, wenn er auf die Jagd geht. Steffen hatte sich in den letzten Jahren selbst darüber gewundert, mit welcher Energie er einen verschwundenen Onkel gesucht und seine Spuren nach Spanien und Großbritannien verfolgt hatte.

Wie Sie sehen, sind Sie auch bei dieser Aufgabe nicht an inhaltliche Vorgaben gebunden. Wichtig ist, dass Sie nach Momenten suchen, in denen Sie von sich aus besonders aktiv und energiegeladen waren.

Sollten Sie jetzt feststellen, dass Sie noch nie viel Aktivität an den Tag gelegt haben, so ist das für die allermeisten Berufe keine besonders gute Grundlage. Überlegen Sie, ob das wirklich stimmt. Wenn ja, überlegen Sie, wie Sie Ihren Aktivitätslevel erhöhen könnten: Müssten Sie sich von ein paar alten Freunden trennen, die inzwischen mehr Belastung sind als Hilfe? Würde eine Psychotherapie gegen Depressionen helfen? Wie wäre es mit einem Tanzkurs, einem Selbstbewusstseinstraining oder Improvisationstheater? Auch Sport, Trommeln, Malen und eine Farb- und Stilberatung für bessere Ausstrahlung sollen helfen.

Haben Sie schon einmal darüber gestaunt, wie viel Aktivität Sie an den Tag legen können?

Notieren Sie jetzt Situationen in Ihrem Berufsfindungsblock, in denen Sie sich aktiv gefühlt haben. Sollten Sie Schwierigkeiten damit haben, dann beginnen Sie zunächst mit Situationen, in denen Sie sich zumindest aktiver gefühlt haben als sonst.

Motivationen benennen

Nun schauen Sie sich die Situationen, in denen Sie motiviert waren, noch einmal an. Lassen Sie sie vor Ihrem geistigen Auge ablaufen. Überlegen Sie, was genau Sie in diesen Situationen motiviert hat. War es die Natur, die Bewegung, die Musik? Oder dass Sie etwas kreativ mitgestalten konnten? Was genau hat Ihre Kräfte mobilisiert? Welcher Aspekt hätte auf keinen Fall fehlen dürfen?

Ein Beispiel: Svenja schreibt nächtelang Geschichten und vergisst beim Lesen die Zeit. Sie ist außerdem motiviert, neue Kochrezepte auszuprobieren und Freunde zum Essen einzuladen. Sie ist gern Gastgeberin und hatte gewirbelt, als sie die Geburtstagsfeier ihres Patenkindes organisiert und sich Spiele ausgedacht hat. Sie suchte in Büchereien, fragte Erzieherinnen und recherchierte im Internet nach Spielideen. Freiwillig frühmorgens steht sie ausschließlich für Urlaubsreisen auf, am liebsten für Ruderfahrten mit ihrem Sportverein.

Svenjas Motivationsliste:

- Wettbewerbe
- schreiben
- fantasieren, sich (dunkle) Geschichten ausdenken
- lesen
- Spielideen entwickeln
- andere bewirten, Gastgeber sein
- kochen, backen, gut essen
- spielen
- feiern
- Kinder
- aktiv sein, in Bewegung sein, Sport, vor allem Rudern
- etwas mit Freunden unternehmen
- Reisen

Nun sind Sie wieder dran: Schauen Sie sich die Situationen, in denen Sie besonders motiviert waren, noch einmal an. Lassen Sie das, was passiert ist, vor Ihrem geistigen Auge ablaufen.

Analysieren Sie: Was genau hat Sie damals motiviert? Ohne welche Aspekte hätte Sie das Ganze kaltgelassen? Sammeln Sie zunächst möglichst viel.

Wenn Sie dann eine Liste mit Motivationen vor sich liegen haben, wählen Sie aus: Welche Motivationen kann man zusammenfassen? Welche sind zentral? Markieren Sie die wichtigsten Motivationen in Ihrer Liste.

Nun sollten Sie in der Lage sein, eine klare Antwort (zum Beispiel in drei einfachen Sätzen) auf die Frage zu formulieren, was Sie motiviert. Zum Beispiel:»Am liebsten beschäftige ich mich mit Essen. Ich bin motiviert, zu kochen und zu backen und etwas Hochwertiges und Sinnliches herzustellen. Ich probiere gern historische Rezepte aus und kann ziemlich viel Energie dafür aufbringen, nach seltenen Zutaten zu suchen.« Oder:»Es gibt nichts, was mich mehr motiviert als Fußball. Vielleicht noch Eishockey. Es gibt nichts, was ich lieber lese, als Sportergebnisse, Spielberichte und Sportlerbiografien. Ich bin motiviert, anderen etwas beizubringen, und drehe bei Wettbewerbssituationen erst richtig auf.« Oder:»Früh aufstehen kann ich nur, wenn ich verreise. Kein Land ist mir zu exotisch, kein Weg zu weit. Außerdem fotografiere ich viel und gehe gern in den Zoo, um Tiere zu beobachten. Darüber kann ich die Zeit vergessen.«

Zusammenfassung *Im vorangegangenen Schritt haben Sie sich mit der Frage »Was will ich?« beschäftigt. Sie haben Situationen notiert, in denen Sie außergewöhnliche Aktivität an den Tag gelegt haben. An diesen Situationen konnten Sie erkennen, was Sie motiviert. Sie haben Motivationen gesammelt und die wichtigsten ausgewählt. So können Sie nun eine klare Antwort auf die Frage geben, was Sie motiviert und was Sie morgens aus dem Bett treibt.*

Schritt 3: Was würde ich tun, wenn ich nicht scheitern könnte?

Der dritte Teil der Selbstreflexion beschäftigt sich mit drei weiteren Berufsfindungsfragen. Diese dienen vor allem dazu, Ihre

Fantasie anzuregen und Ihren Berufsfindungshorizont zu erweitern. Damit sind Sie gut gerüstet für die nahende Frage, welche Berufe zu dem bisher Erarbeiteten passen könnten.

Wahl nach Vorbild

Von dem amerikanischen Berufsberater Richard Bolles stammt die folgende, besonders kurze Form der Berufsfindung. Im Kapitel *How to quickly choose a new career when you haven't the foggiest idea what you want to do* (Wie man sich zu einer neuen Karriere entschließt, wenn man nicht die leiseste Ahnung hat, was man tun möchte) heißt es: Von allen Leuten, die Sie kennen – wessen Job hätten Sie am liebsten?

Denken Sie dabei an Menschen, die Sie aus dem Fernsehen kennen, von denen Sie gehört oder in der Zeitung gelesen haben. Oder an Ihren Bekanntenkreis oder an Menschen, denen Sie auf einer Reise begegnet sind, oder an Freunde aus der Schulzeit.

Nur zur Anregung hier eine Liste von Personen, die in meinen Seminaren häufig genannt werden:

Am liebsten hätte ich den Beruf von ...
- Sarah Wiener, Jamie Oliver (TV-Köche)
- Bill Gates, Steve Jobs, Mark Zuckerberg (Microsoft-/Apple-/Facebook-Gründer)
- Papst Franziskus
- Ryan Gosling, Julia Roberts (Schauspieler)
- Joanne K. Rowling, Astrid Lindgren (Autorinnen)
- Stefan Raab, Günther Jauch (Showmaster)

- Alice Schwarzer (Feminismus-Aktivistin)
- Rupert Neudeck (Menschenrechtsaktivist)
- Jacques Cousteau (Tierfilmer)
- Jane Goodall (Schimpansenforscherin)
- Pina Bausch (Choreografin)
- Selmin Caliskan (Generalsekretärin Amnesty International Deutschland)
- Monty Roberts (Pferdeflüsterer)
- Madonna, Shakira, Beth Ditto (Sängerinnen)
- Stephen Hawking, Marie Curie (Physiker)
- Heinrich Schliemann, Indiana Jones (Archäologen)
- Heidi Klum (Model)
- Thea Dorn (Schriftstellerin und Feministin)
- Jogi Löw, Matthias Klopp (Fußballtrainer)
- Quentin Tarantino (Filmregisseur)
- Angela Merkel (erste Bundeskanzlerin)
- Hans Zippert (Kolumnist)
- Kofi Annan (ehemaliger UN-Generalsekretär)
- Dieter Zetsche, Norbert Reithofer (Daimler-/BMW-Chef)
- Karl Lagerfeld, Jil Sander (Modedesigner)
- Rüdiger Nehberg (Survival-Trainer)
- Antonia Rados (Kriegsreporterin)
- Sebastian Vettel (Formel-1-Pilot)
- Abby Sciuto (Navy CIS-Forensikerin)
- Dr. House (Fernseharzt)

Kinderträume, Jugendträume

Viele Berufssucher haben in ihrem Leben schon einmal eine Vorstellung davon gehabt, was sie werden wollen, zum Beispiel als Kind oder Teenager. Oft wurde der Plan dann aus guten oder weniger guten Gründen aufgegeben. Vielleicht kam einem angehenden Bäcker eine Mehlallergie dazwischen, einer angehenden Schauspielerin ein S-Fehler und einem Journalisten eine Fünf in Deutsch. Viele werden auch nur durch Hörensagen entmutigt:»Onkel Fred kennt auch einen Zahnarzt. Von dem weiß ich, dass es heute ganz schwierig ist mit den ständigen Gesundheitsreformen.« Oder:»Meine Schulfreundin Sabine wollte auch Fotografin werden. Aber da heute alle mit ihren Handys fotografieren, ist sie froh, dass sie das nicht gemacht hat.« Oder »Ich hab gehört, dass Optiker heute auch gar nicht mehr so gesucht sind, weil alle Leute sich ihre Kontaktlinsen aus dem Internet bestellen.«

Einige Pläne gehen einfach verloren, weil niemand sie ernst nimmt oder weil das Selbstbewusstsein dafür fehlt. (Notiz: Ich habe selbst 1985 Abitur gemacht. Damals galt es als ausgemacht, dass man mit einem Lehramts- oder Medizinstudium keine Stelle bekommt. Was für ein Quatsch ...)

Für die Suche nach Ihrem zukünftigen Traumberuf kann es

aufschlussreich sein zurückzuschauen: Was wollten Sie schon einmal werden? Gab es einen Berufswunsch, bevor die Ja-aber-Maschine loslegte? Versuchen Sie sich zu erinnern. Möglicherweise lässt sich daraus etwas ableiten, zum Beispiel: Vielleicht wird aus dem Berufswunsch Astronaut später Fluglotse, vielleicht wird aus der Balletttänzerin eine Sportlehrerin (die auch eine Ballett AG oder eine Musical AG an der Schule betreut). Oder aus dem Autodesigner wird ein Oldtimerrestaurator, aus dem Hoteltester ein Hoteldirektor. Aus dem ersten Berufswunsch Reitlehrerin wird vielleicht eines Tages Tierärztin oder aus dem Lokomotivführer tatsächlich ein Lokomotivführer. Manchmal sind die frühen Berufswünsche ein sehr guter erster Anhaltspunkt.

Was wollten Sie schon einmal werden?

Kramen Sie in Ihrer Biografie und fördern Sie zutage, was Sie im Lauf Ihres Lebens schon einmal werden wollten.

Wahl ohne Angst

Eine der klassischen Berufsfindungsfragen lautet: Was würden Sie tun, wenn Sie nicht scheitern könnten? Stellen Sie sich vor, eines Tages oder eines Nachts erscheint eine Fee und gibt Ihnen einen Berufswunsch frei. Oder drei Berufswünsche. Was würden Sie sich dann wünschen? Hier – nur zur Anregung – eine Liste von Berufen, die in meinen Seminaren oft genannt werden:

Wenn ich nicht scheitern könnte, wäre ich am liebsten ...

- Pilot
- Fußballer
- Rockstar
- Fotograf
- Präsident der Vereinigten Staaten
- Musicalchoreografin
- Hörbuchsprecher
- Erfinder
- Goldschmied
- Opernsängerin
- Inhaber eines eigenen Ladens mit Dekoartikeln
- Inhaberin eines eigenen Cafés
- Drehbuchautor
- Modedesignerin
- Gemälderestaurator
- Weddingplanner
- Dirigent
- Filmkulissenbauer
- Stadtplanerin
- Außenministerin
- Winzer
- Arzt, Tierarzt, Zahnarzt
- Sportreporter
- Psychoanalytiker
- Innenarchitektin

Zusammenfassung *Auf der Suche nach einem Beruf, der zu Ihnen passt, haben Sie einige Denkübungen durchgeführt und notiert, was Sie unabhängig von inneren und äußeren Unsicherheiten gern tun würden. Sie haben zurückgeschaut, ob Sie sich früher mal einen Beruf gewünscht haben, vielleicht in der Kindheit, bevor alles so schwierig wurde ...*
Im Folgenden sortieren Sie Ihre bisher erarbeiteten Ergebnisse. Dabei gilt: Je mehr Sie sammeln und je konkreter Sie formulieren, desto besser wird die Grundlage für Ihre späteren Überlegungen.

Die Anatomie Ihres Traumberufs

Sie befinden sich auf der Suche nach einem Beruf, in dem Sie Ihre Fähigkeiten einsetzen können und in dem Sie von sich aus motiviert sind zu arbeiten. Um gut dafür gerüstet zu sein, lohnt es sich, weitere Details Ihres Traumberufs zusammenzutragen.

Zum Beispiel: An welchem Ort würden Sie gerne arbeiten: in einer anderen Stadt, einem anderen Land oder genau da, wo Sie sind? Manche möchten möglichst viel draußen sein; andere wünschen sich, zu Hause am Schreibtisch zu arbeiten. Manche möchten auf jeden Fall selbstständig oder auf keinen Fall selbstständig sein. Und Sie? Wo und wie würden Sie am liebsten arbeiten? Möchten Sie einen Beruf, in dem Sie viel unterwegs sind?

Oder lieber einen, den Sie besonders gut mit Kindern und Familie verbinden können? Andere wollen eine freie Zeiteinteilung, wieder andere möchten nicht so früh aufstehen müssen. Halten Sie schriftlich fest, wodurch sich Ihr Traumberuf auszeichnen sollte. Dabei kann ich Ihnen nicht garantieren, dass wir alles zum Schluss integrieren können. Als Grundlage für unsere Überlegungen sollten wir Ihre Extrawünsche jedoch festhalten. Nehmen Sie sich nun ein großes Blatt Papier und sortieren Sie Ihre Ergebnisse. Die Abbildung »Mein Traumberuf« ist ein Vorschlag, wie Sie das, was Sie bisher erarbeitet haben, zusammenstellen können. Sie können sie nachzeichnen, auf ein größeres Format kopieren oder ein eigenes Schaubild entwerfen. Sie finden die Grafik auch im Internet unter www.berufsfindung. de. Gehen Sie auf *Berufsfindung* und weiter auf *Häufige Fragen*. Dort können Sie die Vorlage ausdrucken. Wichtig ist, dass Sie die bisher notierten Antworten so zusammenstellen, dass Sie damit arbeiten können.

Tragen Sie alles in einem übersichtlichen Schaubild zusammen! Überschrift: »Mein Traumberuf«

Im Zentrum stehen dabei Ihre wichtigsten Fähigkeiten und Motivationen sowie die Situationen, in denen diese Fähigkeiten und Motivationen sich zeigten. Gruppieren Sie weitere Details Ihres Traumberufs darum herum.

Ihre Traumberufsgrafik ist die Grundlage für das folgende Brainstorming. Lesen Sie daher erst weiter, wenn Sie aufgelistet haben, was in Ihrem zukünftigen Beruf eine Rolle spielen könnte, sollte oder müsste.

Mein Traumberuf

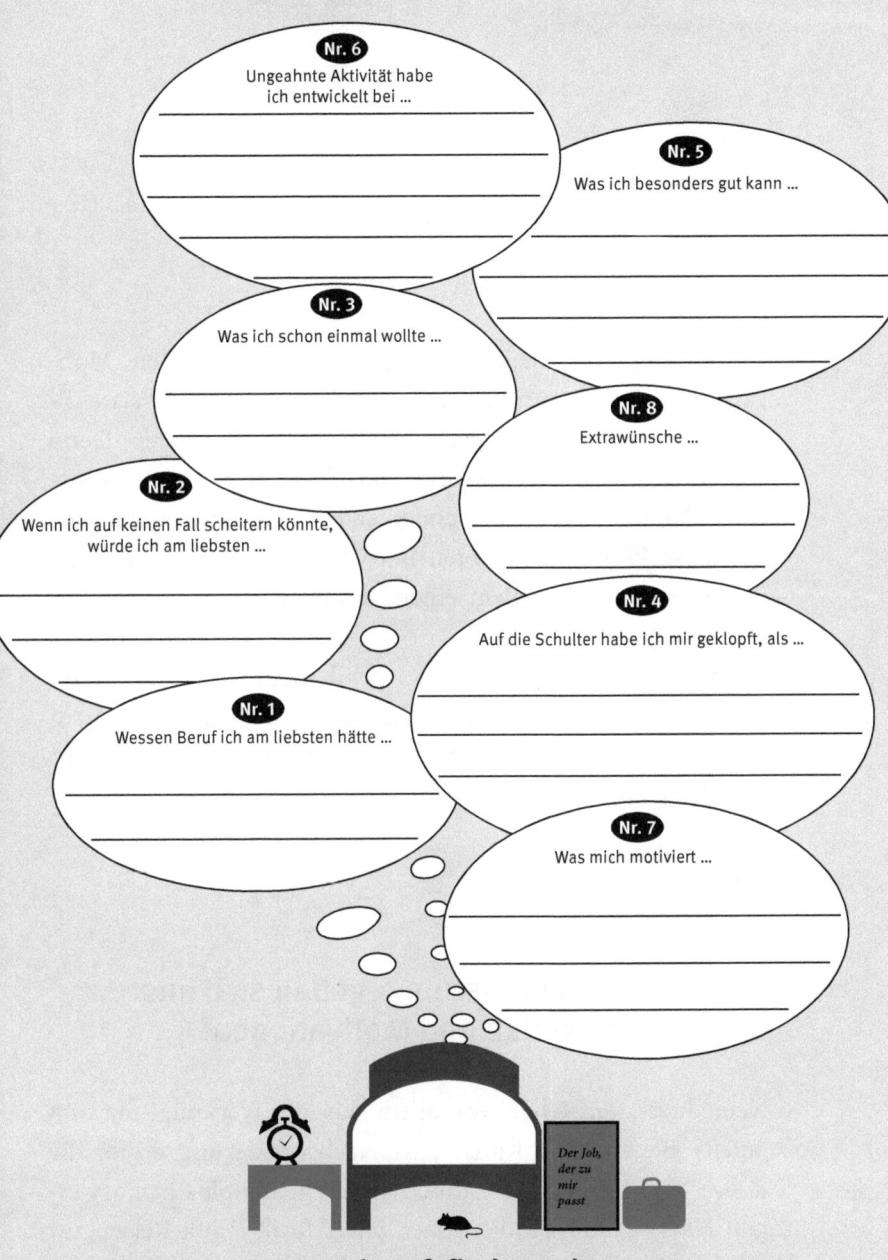

Das Brainstorming

Die bislang gesammelten Erkenntnisse – Fähigkeiten, Motivationen, Kinderwünsche, Träume – dienen als Hinweisschilder: Wo müssen wir den richtigen Beruf für Sie suchen? Denn ein Beruf ist dann der richtige Beruf, wenn er diese Aspekte Ihrer Persönlichkeit in irgendeiner Form reflektiert. Manche auf diese Weise erarbeiteten Berufe beinhalten fast alle Aspekte; manche vor allem einen, dafür aber einen besonders wichtigen.

Sollten Sie das Notieren aus irgendeinem Grund auf später verschoben haben, so ist jetzt die Zeit gekommen, es nachzuholen: *Don't only think it, ink it* – nicht nur denken, sondern aufschreiben!

Schritt 4: Welche Berufe ergeben sich aus diesen Fähigkeiten und Motivationen?

Neue Ideen entstehen vor allem aus der Verknüpfung von bereits Bekanntem: Kunst plus Nachtwanderung ergibt die *Lange Nacht der Museen*. Internatsgeschichte plus Fantasy ergibt *Harry Potter*. Studienreisen plus Musik ergibt Reisen zur

Freilichtbühne in Verona. Alles, was Sie bisher aufgeschrieben und in Ihrer Traumberufsgrafik zusammengestellt haben, steht Ihnen nun für ein spielerisches Kombinieren zur Verfügung. Aus Ihren bisherigen Teilergebnissen mögliche Berufe abzuleiten wird in manchen Fällen einfach sein. Anna beispielsweise hatte sich bereits nach einer Frage entschieden: Was sie tun würde, wenn sie nicht scheitern könnte?»Dann würde ich Botschafterin.« Für Steffen war es ähnlich: Nachdem er jahrelang die Spur seines Onkels verfolgt hatte, wünschte er sich einen Job beim Suchdienst des Roten Kreuzes in München. Enrico kombinierte seine Begeisterung für Sport mit seinem Interesse für IT zum Stadiontechniker.

Natürlich lassen sich nicht alle Fälle so leicht lösen. Berufsfindungskreativität ist gefragt. Katrin entwickelte aus ihrem Interesse an Linguistik und dem stundenlangen Surfen im Internet das Tätigkeitsgebiet»Entwicklung von Spracherkennungssystemen«. Selwyn, der sich bei der Bundeswehr verpflichten möchte und gern Zeitung liest, leitet die Tätigkeit»Pressesprecher der Bundeswehr«ab. Drei weitere Beispiele, wie man aus dem bisher Gesammelten Berufe entwickeln kann:

Christopher und die Flüchtlingspolitik

Christopher hatte durch die Vermittlerrolle, die ihm bei Konflikten in seiner Familie zukam, gelernt, mit unterschiedlichen Parteien zu sprechen und Lösungen herbeizuführen. Besondere Energie hatte er an den Tag gelegt, als er einer russisch-jüdischen Familie half, nach Westeuropa auszuwandern. Daher entschließt sich Christopher, in die Flüchtlingspolitik zu gehen – entweder in einer Partei, einer politischen Stiftung oder in einer Menschenrechtsorganisation. (Notiz: Christopher hat 1996 meinen allerersten Workshop besucht. Er ist heute beim Auswärtigen Amt. Eine seiner diplomatischen

Stationen war in einer Kaukasusrepublik, wo er für Asylanträge zuständig war.)

Claudia und die Suche nach Drehorten
Claudia wollte früher Drehbuchautorin werden. Diesen Berufswunsch hatte sie allerdings nach einigen chaotischen Versuchen wieder aufgegeben. Durch zahlreiche Aushilfsjobs bei Film und Fernsehen wusste sie, wie Produktionen nach Drehorten suchen lassen. Claudia zählt zu ihren Stärken, dass sie sich besonders gut in Berlin auskennt und daher keine Schwierigkeiten hat, einen verfallenen Bahnhof am See, ein edles chinesisches Restaurant mit Veranda oder einen Platz mit Kirche, Springbrunnen und Blumenladen zu finden. Auch für ein Designerhaus, auf dessen Dach man eine Fluchtszene spielen lassen kann, hat sie Ideen. »Außerdem brauche ich einen Harakirijob«, kommentiert sie als Extrawunsch ihre Vorstellungen. Claudia entwickelt die Idee, als Locationscout für Film- und Fernsehproduktionen zu arbeiten (und arbeitet später unter anderem für *Lola rennt*).

Regina und alte Bücher
Regina findet immer Zeit, stundenlang über Trödelmärkte zu ziehen und in alten Büchern zu stöbern. Um besondere oder seltene Ausgaben zu finden, steht sie am Wochenende freiwillig frühmorgens auf und ist oft mit als Erste auf dem Markt. Was könnte man daraus entwickeln? Buchrestauratorin vielleicht oder Bibliothekarin? Archäologin, Geschichtslehrerin, Druckerin, Trödlerin oder Archivarin? Da Regina sich außerdem besonders gut mit Filmen auskennt, würde sie am liebsten eine Buchhandlung spezialisiert auf internationale Filmbücher betreiben.

Die hier angeführten Beispiele zeigen, wie man durch die Verknüpfung von Leidenschaften, Interessen, Fähigkeiten, früheren Traumberufen und Extrawünschen zu neuen Tätigkeitsfeldern gelangen kann.

Das Brainstorming für Ihren Traumberuf

Vielleicht sind Ihnen bei der bisherigen Beschäftigung mit Ihren Motivationen und Fähigkeiten bereits erste Ideen gekommen. Falls nicht, tasten Sie sich vorsichtig an Ihren neuen Traumberuf heran. Dazu eignet sich zunächst ein ungezwungenes Brainstorming: Lassen Sie Ihren Gedanken freien Lauf und sammeln Sie alles, was Ihnen zu der Grafik *Mein Traumberuf* einfällt. Als einzige Regel gilt: Nichts negativ kommentieren!

Gute Ideen werden oft viel zu schnell abgetan:»Das ist doch doof« oder»Das klappt sowieso nicht«. Auf diese Weise zerstört man die schönsten Ideen bereits im Ansatz. Beim Brainstorming dagegen geht es gerade darum, auch»verrückte« Ideen zu äußern, und zwar so viele wie möglich. Bewertet wird später.

Gehen Sie im Traumberufs-Brainstorming spielerisch und nicht schematisch vor. Nicht immer ergibt eine Kombination von A und B bereits Ihren Traumberuf. Experimentieren Sie stattdessen mit Ihren Ergebnissen und seien Sie kreativ! Formulieren Sie imaginäre Tätigkeitsfelder und echte Traumberufe, in denen Sie Ihre Fähigkeiten und Motivationen am liebsten einsetzen würden. Formulieren Sie die Lieblingssituation Ihres Lebens in ein berufliches Tätigkeitsfeld um!

Aktivieren Sie dann Ihr Unterstützungskomitee oder einen guten Freund, eine gute Freundin. Laden Sie sie zum Biertrinken ein und reservieren Sie die ersten beiden Stunden für ein

Brainstorming. Alle Einfälle werden schriftlich festgehalten, und seien sie noch so absurd.

Die Auswertung

Sie haben nun eine Reihe von Ideen oder Teilideen vor sich liegen. Schlafen Sie darüber und sehen Sie sich dann Ihre Vorschläge genauer an. Fragen Sie sich, welcher der entwickelten Berufe Sie am meisten anspricht. Welcher nimmt Kontakt auf? Denken Sie daran: Sie werden viel Energie für Ihren weiteren beruflichen Weg brauchen. Deswegen ist es nötig, ein Ziel zu suchen, das einem diese Energie auch gibt. Es wird nicht ausreichen, wenn Sie sich Ihr Ziel konstant schönreden müssen.

Eine der größten Hürden der Berufsfindung heißt Entscheidungsschwäche. Die kann unterschiedliche Gründe haben: Manche möchten nicht erwachsen werden. Manche haben so große Versagensangst, dass sie ihre Berufsfindung lieber in der Schwebe halten. Andere wiederum scheuen schlicht die Konsequenzen. Solange man nicht weiß, was man machen will, braucht man auch nichts zu unternehmen. Würde man die Entscheidung aber fällen, hätte man keine Ausrede mehr für die eigene Passivität.

Als Anregung nun einige Gedanken zum Thema Entscheidung.

Das Schwierigste ist immer die Entscheidung

Bisher waren die Aufgaben des Workshops *Individuelle Berufsfindung* vielleicht nicht leicht, aber lösbar. Wenn sich jedoch langsam ein ungutes Gefühl in Ihrer Magengegend bemerkbar macht, dann hat das möglicherweise mit der nahenden Entscheidung zu tun. Doch um die kommen Sie nicht herum. Sonst geht es Ihnen wie Buridans Esel, der verhungert, weil er sich zwischen zwei gleich großen Heubündeln nicht entscheiden kann. Außerdem nutzen die schönsten Ideen nichts, wenn keiner was daraus macht.

Ungünstigerweise funktioniert das menschliche Gehirn so, dass es auf Ausweichmanöver stellt, sobald eine Entscheidung naht. Es generiert Gründe, warum man die Entscheidung auf keinen Fall fällen kann. Zum Beispiel:»Woher soll ich wissen, ob es das *wirklich* ist? Ich weiß ja gar nicht, was es so alles gibt.« Oder:»Heute gibt es ja so unendlich viele Möglichkeiten.« Doch das sind nur Ausreden. Es gibt auch ziemlich viele Männern und Frauen. Trotzdem jammert niemand, dass man so viel Auswahl hat. Im Gegenteil: Meistens kann man ziemlich leicht sagen, in wen man verliebt ist oder wer einem gefällt.

Die Orientierungslosigkeit in Sachen Beruf hat also vermutlich weniger mit äußeren Bedingungen (Arbeitsmarkt, was es alles gibt, Globalisierung und so weiter) zu tun. In den meisten Fällen geht es vielmehr um eine persönliche Entscheidungsschwäche, die sich negativ auf *jedes* berufliche Vorhaben auswirkt. Andersherum: Wenn Sie diese Entscheidungsschwäche besiegen, wird sich das auf Ihren zukünftigen beruflichen Weg (und auf Ihr ganzes Leben) sehr positiv auswirken.

Leider gibt es keine einfache Antwort auf die Frage, wie man Entscheidungen treffen kann, ohne sich bis zum Sankt-Nimmerleins-Tag den Kopf zu zerbrechen. Aber es gibt einen Ansatz, der zumindest eine Überlegung wert ist. Und der geht so: Jenseits aller Ja-abers können wir möglicherweise intuitiv sehr gut entscheiden, was das Richtige für uns ist. Wir müssen es nur schaffen, die Intuition zu erkennen und ihr zu vertrauen. Diese aber liegt verschüttet unter allerhand Glaubenssätzen, Ängsten, Botschaften des Umfelds und Mechanismen, die – eben – die Entscheidung verhindern.

Dabei ist Intuition nichts Esoterisches, im Gegenteil: Sie funktioniert wie unser Urteilsvermögen, nur feiner. Demnach nehmen wir viel mehr wahr, als uns bewusst ist. Unsere Sinne schaufeln konstant Informationen ins Gehirn. Im Unbewussten werden diese Informationen verarbeitet und mit bereits gespeicherten Erfahrungen verglichen. Das bedeutet: Unser vorbewusster Erfahrungsschatz ist viel größer als unser bewusster. Wenn wir Zugriff auf ihn hätten, wären wir also schlauer.

Zum Beispiel: Sie sitzen vor dem Fernseher. Auf einmal haben Sie den Impuls, loszulaufen, denn Ihr Unbewusstes hat kombiniert: *Als es das letzte Mal so komisch roch, ist die Milch in der Küche übergekocht.* Auf der bewussten Ebene hätten Sie vermutlich viel länger für diese Schlussfolgerung gebraucht. Intuition ist daher nichts Irrationales, sondern beruht auf der Fähigkeit, wahrzunehmen und diese Wahrnehmung zu verarbeiten. Sollten Sie also eine Intuition haben, welcher Beruf auf der Liste der beste für Sie ist, dann lohnt es sich, diese Intuition ernst zu nehmen.

Wenn Ihnen Intuition nicht der richtige Weg scheint (oder wenn Sie keine Intuition haben), können Ihnen vielleicht folgende Strategien helfen. Selbst wenn keine von ihnen sicher zum richtigen Ergebnis führt, so liegt in der Reflexion darüber doch Erkenntnis, die Sie in jedem Fall weiterbringen wird.

- Streichen Sie jeden Tag einen Beruf von Ihrer Liste, bis nur noch einer übrig ist.
- Überlegen Sie, welchen Beruf Sie von der Liste wählen würden, wenn Sie keine Angst hätten.
- Überlegen Sie, welchen Beruf Sie von der Liste wählen würden, wenn es keine Arbeitslosigkeit und keinen Misserfolg gäbe.
- Überlegen Sie, welcher Beruf toller wäre als alle auf der Liste.
- Markieren Sie die drei besten Vorschläge Ihrer Liste. Malen Sie sich nun zu jedem dieser Vorschläge aus, wie Ihr Leben sein könnte, wenn Sie diesen Beruf hätten. Welches Bild hat am meisten Anziehungskraft?
- Setzen Sie sich eine Frist. Lesen Sie Ihre Liste durch und lassen Sie die Vorschläge beispielsweise ein Wochenende lang sacken. Am Sonntag um 24 Uhr fällen Sie dann die Entscheidung.
- Wenn Sie ahnen, welcher Vorschlag der richtige ist, gehen Sie den ersten Schritt. Daraus schöpfen Sie Energie für den zweiten. Oft liegt der Ausweg aus dem ewigen Grübeln im Anfangen und nicht im Nachdenken über weitere mögliche Argumente.
- Malen Sie sich aus, wie Ihr Leben sein wird, wenn Sie jetzt nichts verändern. Wie werden Sie sich in einem Jahr fühlen (und wie in drei Jahren), wenn Sie weiter vor Ihrer Liste sitzen und keine Entscheidung fällen?
- Stellen Sie sich vor, Sie gehen zu einer alten, sehr weisen Berufsberaterin und legen ihr die Liste vor. Was würde sie Ihnen wohl raten? Welchen Vorschlag würde sie für den besten halten?

- Ich persönlich würde immer zu Folgendem raten: Machen Sie sich klar, dass es in der Berufsfindung keine perfekten Lösungen gibt. Jeder Beruf hat seine Pros und Cons. Am Ende ist der richtige Beruf nicht einer, für den man keine Ja-abers findet. Der richtige Beruf ist der, für den man bereit ist, auch über die Ja-abers hinwegzugehen.

- Ein Spruch aus dem Management, der vielleicht hilft: Eine falsche Entscheidung hat nie so schlimme Folgen wie eine fehlende Entscheidung.

- Ein Spruch aus der Entscheidungsforschung, der vielleicht hilft: Eine Entscheidung wird nicht besser, je länger man darüber nachdenkt. Eine Entscheidung wird *schlechter*, je länger man darüber nachdenkt.

- Machen Sie sich auch klar, dass es nicht irgendwo eine Wahrheit über den richtigen Beruf für Sie gibt. Es gibt nur eine Entscheidung, die man aus sehr guten oder aus sehr schlechten Gründen fällt. Ein schlechter Grund ist, dass Sie irgendwelchen Ansprüchen hinterherlaufen. Ein guter Grund ist, dass Sie das machen, was Sie für richtig halten.

Wie gesagt, es gibt nicht *den einen* Weg der Entscheidung. Wichtig ist, sich nicht hilflos seinen eigenen Mechanismen zur Entscheidungsvermeidung auszusetzen. Gewöhnen Sie sich so früh wie möglich an, Ihre Entscheidungen zügig zu fällen. Weiter rauchen oder Nichtraucherin werden? Umziehen – ja oder nein? Trennen – ja oder nein? Warten Sie nicht ab, bis alles unerträglich geworden ist oder erste Krankheitssymptome Sie quälen. Insgesamt schneller in die Entscheidungen des Lebens zu gehen färbt in der Regel auch auf Ihre berufliche Entscheidungsfreude ab.

Machen Sie sich bewusst, wie viel Zeit wir damit verbringen, Entscheidungen vor uns herzuschieben, und wie viel Energie dabei sinnlos verpufft. Immer auf der Suche nach der perfekten Entscheidung – die es natürlich nicht gibt, jedenfalls nicht in der Berufsfindung. Oft würde es reichen, eine Stunde nachzudenken und dann eine Entscheidung zu fällen, anstatt sechs Monate nachzudenken und doch nur dieselben Argumente immer und immer wieder zu wälzen (»Ich will das jetzt auch nicht übers Knie brechen ...«). Ob die Entscheidung dann die beste oder nur die zweitbeste war, werden Sie ohnehin nicht erfahren, denn niemand weiß, was gewesen wäre, wenn ...

Wenn es trotzdem hängt

Der Mensch denkt und handelt in Mustern. Wer seine Muster besser versteht, versteht auch, was ihn antreibt – oder was Entscheidungen blockiert. Im Folgenden finden Sie einige Typbeschreibungen, die Ihnen helfen, Ihre Muster der Entscheidungsverhinderung zu erkennen. Das impliziert nicht, dass ein Typus besser oder schlechter ist oder dass ein Typus unbedingt entschlossener ist als der andere. Wer beispielsweise in viel zu großen oder in viel zu kleinen Schritten denkt, steht sich gleichermaßen selbst auf den Füßen.

Trotzdem können Sie in der Reflexion über die folgenden Unterscheidungen möglicherweise herausfinden, was Sie blockiert. Daraus wächst die Chance, seine Muster aufzubrechen oder wenigstens flexibler mit ihnen umzugehen.

Entscheidungstypen

Ich verdanke Gabriela Sabrowski, Trainerin für Persönlichkeitsentwicklung in Bonn, folgende Hinweise. Für dieses Buch hat sie mir einige Filter aufgezeigt, durch die wir wahrnehmen, reflektieren und handeln.

Small-Chunker/Big-Chunker Ein Small-Chunker sieht Berufe in einer Million Einzelteilchen:»Als Regisseur müsste ich sicher früh aufstehen. Aber ich würde zu Hause frühstücken, mich dann anziehen und die U-Bahn zum Set nehmen.« Ein Big-Chunker dagegen denkt in Riesenschritten:»Ich werde Regisseur, engagiere Campino als Gangster und drehe mit ihm einen Krimi in Hollywood.«

Nicht-polarer/polarer Typ Ein nicht-polarer Typ hört einen Berufsvorschlag, der ihm gefällt, und entscheidet sich dafür: »Gärtner wäre toll für Sie.«»Oh ja, ich arbeite auch gern an der frischen Luft.« Ein polarer Typ entscheidet sich lieber für das Gegenteil.»Physiotherapeut würde gut zu Ihnen passen.«»Och, nein, ich arbeite nicht so gern körperlich. Lektor wäre vielleicht eher was für mich oder Buchhändler.«

Außen-Referenz/Innen-Referenz Wer sich nach außen orientiert, macht sein Handeln abhängig von äußeren Richtlinien und Personen:»Auch Einstein wollte ursprünglich Rechtsanwalt werden.« Ein Mensch mit innerer Referenz orientiert sich an seinen eigenen Maßstäben:»Ich habe früher schon immer Kapitän gespielt.«

Hin-zu-Typ/Weg-von-Typ Ein Hin-zu-Typ agiert zielorientiert und fühlt sich von passenden Berufsvorschlägen angezogen: »Pyrotechniker ist ein toller Beruf. Das mache ich.« Weg-von-Typen wissen, was sie *nicht* wollen. Sie setzen sich in Bewegung, wenn eine Situation nicht mehr zu ertragen ist.»Ich will hier unbedingt weg! Wohin, ist erst mal nicht so wichtig – Hauptsache weg hier!«

Dissoziierter Typ/assoziierter Typ Dissoziierte Typen lassen ihr Gefühl außen vor:»Für Pastorin habe ich zwar das Latinum, müsste aber noch das Graecum nachmachen. Danach würde ich dann fünf Jahre lang Theologie studieren.« Assoziierte Typen sind gefühlsmäßig involviert:»Ich fand alte Sprachen schon immer interessant. Vielleicht könnte ich danach sogar zwei Auslandssemester in Rom studieren. Das wäre toll, Rom ist so eine wunderschöne Stadt.«

Matcher/Mismatcher Matcher suchen nach Gemeinsamkeiten:»Viele Leute wollen heute gar nicht mehr große Karriere machen. Es gibt einen Trend zurück zur Natur. Das passt auch viel besser zu mir.« Mismatcher betonen die Diskrepanzen:»Alle wollen heute zum Fernsehen. Das finde ich doof. Ist mir zu oberflächlich. Ich will lieber etwas tun, das Hand und Fuß hat; ich werde Schreinerin.«

Aktiver Typ/reaktiver Typ Aktive Typen entwickeln von sich aus Neues:»Tolle Vorschläge. Aber noch besser fände ich einen Beruf als Kommunikationstrainerin.« Reaktive Typen warten ab, dass andere etwas tun und sie aufgefordert werden. Sie analysieren die Situation und denken:»Das sind ja schöne Vorschläge. Ich lasse mir das alles durch den Kopf gehen. Außerdem muss ich noch mal überlegen, wie das so zeitlich passen würde.«

Zum Abschluss der Überlegungen zu Entscheidung und Entscheidungsschwäche noch einige Hinweise, was auf keinen Fall weiterhilft:

• Irgendwann sind alle Gründe für und wider jeden Beruf auf Ihrer Liste durchgedacht. Machen Sie sich klar, dass es nichts bringt, weiter nachzudenken. Dadurch vertrödeln Sie nur Zeit und behindern sich selbst.

- Viele schreiben Pro-und-Kontra-Listen für jeden Berufsvorschlag. Das hilft in der Regel nur dabei, seine Ideen zu zerdenken und möglichst viele Gründe gegen alles zu finden.

- Lassen Sie die Finger von Tests, die angeblich zeigen, welche Berufe zu Ihnen passen. Solche Tests erfüllen nur das Bedürfnis, dass Ihnen jemand die schwierige Entscheidung abnimmt.

- Zeigen Sie Ihre Liste mit Berufsideen niemandem, der selbst unglücklich mit seinem Beruf ist. Solche Leute wollen oft beweisen, dass es gar nicht möglich ist, einen tollen Beruf zu finden.

- Machen Sie nicht »erst mal ein Praktikum«, um herauszufinden, welcher Beruf von der Liste der richtige für Sie ist. Diese Art von Orientierung kann ein Praktikum gar nicht leisten. Selbst wenn Ihr Praktikum – sagen wir in einer Talkshowredaktion – eindeutig schrecklich liefe, so bedeutet das nur, dass *diese* Talkshowredaktion nicht die richtige für Sie war. In einer anderen Redaktion hätte es dagegen wunderbar laufen können. In einer guten Berufsstrategie dient ein Praktikum dazu, seinem Traumberuf näher zu kommen, nicht dazu, durch Ausprobieren die Entscheidung weiter zu verzögern.

- Wenn Sie eine Entscheidung gefällt haben, stellen Sie sie nicht gleich wieder infrage. Denn das ist der sicherste Weg, sich auf ewig selbst auf den Füßen zu stehen. Außerdem wirkt es so, als würden Sie Ihre eigenen Entscheidungen gar nicht ernst nehmen.

Diese Gedanken zum Thema Entscheidung helfen Ihnen hoffentlich, sich Ihrer Berufsentscheidung souveräner zu nähern. Legen Sie sich wieder Ihre Liste von Berufen und Fantasieberufen vor, die Sie im Brainstorming gesammelt haben. Es geht nun darum, eine Entscheidung zu treffen. Markieren Sie Ihren Favoriten.

Zusammenfassung *Im vorangegangenen Schritt Ihres persönlichen Workshops haben Sie zum Schaubild Ihres Traumberufs ein Brainstorming gemacht. Durch Verknüpfung einzelner Ergebnisse aus der Selbstreflexion haben Sie Berufe benannt und neue Tätigkeitsfelder geschaffen, in denen Sie Ihre Fähigkeiten und Motivationen gewinnbringend einsetzen können. Einen davon haben Sie zu Ihrem Favoriten erklärt.*

Um Ihr Ziel noch weiter einzugrenzen, nehmen Sie im folgenden Schritt eine Spezialisierung vor. Dazu ein Hinweis: Es gibt Berufssucher, die im Brainstorming bereits ein ausreichend spezialisiertes Ziel entwickelt haben, zum Beispiel: »Ich werde Minenräumerin.« *Oder:* »Ich importiere und verkaufe Design aus Südafrika.« *Auch Berufsziele wie Kapitän, Grundschullehrer, Hoteldirektor oder Lokomotivführerin sind hinreichend konkret. In solchen Fällen ist es nicht nötig, das Ziel weiter einzugrenzen.*

Aber für viele andere Berufe gilt, dass das Ziel nicht nur eine Tätigkeit beschreiben sollte, sondern auch eine Spezialisierung, zum Beispiel durch ein Thema oder eine Zielgruppe, also: Logistiker für die Weinbranche, Energieberater für denkmalgeschützte Gebäude, Kostümbildnerin für historische Kostüme, Kinderwagendesigner, Fünf-Elemente-Koch, Gebäudereiniger mit Spezialisierung auf Tatortreinigung. Wie das funktioniert, sehen Sie im nächsten Schritt.

Schritt 5: Spezialisieren Sie sich

Über eine Spezialisierung schaffen Sie sich ein Profil, mit dem Sie sich von Mitbewerbern abheben. So können Sie sich Ihrem zukünftigen Arbeitgeber als Löser seiner Probleme präsentieren – oder als Selbstständiger Ihren Kunden.

Darüber hinaus birgt die Spezialisierung die Chance, auf einem Gebiet schneller zum Experten, zur Expertin zu werden. Jede weitere berufliche Erfahrung ist dann ein zusätzlicher Lerngewinn, mit dem Sie Ihr Spezialwissen weiter ausbauen. Je besser Sie auf Ihrem Gebiet werden, desto weniger Konkurrenz haben Sie.

Das Entscheidende an der richtigen Spezialisierung ist, dass sie Ihr Thema, Ihre Zielgruppe benennt. Wenn Sie Fotografin werden möchten, kann eine Spezialisierung auf Foodfotografie interessant sein. Wenn Sie Rechtsanwalt werden wollen, spezialisieren Sie sich auf Promi-Scheidungen, Scientology-Austritte, Zwangsheiraten und Ehrenmorde, Hell's-Angel-Verteidigungen oder auf Steuerhinterziehung, Verbraucherschutz oder Ärztefehler.

Wenn Sie Motivationstrainerin werden wollen, legen Sie fest, wer Ihre Zielgruppe ist: Vertriebsleute, die mehr verkaufen wollen; Banker, die gerade entlassen worden sind; Leute, die mit dem Rauchen aufhören wollen; ausgebrannte Rechtsanwälte, Ärzte oder Berufsberater? Nachwuchsführungskräfte, Kreative oder Lehrer?

Wenn Sie Feuerwehrmann werden möchten, spezialisieren Sie sich auf Industriebrände. Wenn Ihr Berufsziel Osteopath ist, spezialisieren Sie sich auf Leistungssportler. Wenn Sie Kabarettist werden wollen, machen Sie nicht irgendwelche Witzchen, sondern erschaffen Sie eine Kunstfigur, die für einen eigenen Witz steht: ein Finanzbeamter, ein Bundeswehroffizier, eine Kosmetikerin oder ein Proletenmädchen (Notiz: dieser Vorschlag stand hier, Jahre bevor es Cindy aus Marzahn gab). Wenn Sie sich für Deutsch-als-Fremdsprache-Lehrerin entschieden haben, entwickeln Sie Ihre eigene Methode, zum Beispiel »Deutsch lernen mit Schlagern und Volksmusik«. Begeben Sie sich auf die Suche nach Themen, die Sie schon lange beschäftigen und über die Sie der Welt etwas mitzuteilen haben.

Veranstalten Sie wieder ein Brainstorming: Was sind Ihre Themen? Wo kennen Sie sich aus und worüber reden Sie gern? Welche Menschen könnten von Ihrer Arbeit profitieren? Was passt in die Zeit, was steht an, welche Themen bewegen die Menschen? Was könnte eine lukrative Spezialisierung sein? Fertigen Sie eine Liste mit möglichen Spezialisierungen an. Zur Anregung noch mehr Beispiele:

- Schuhmacherin für Tanzschuhe
- Stadtführerin für alternative Hafentouren durch Hamburg
- Veranstalter von Wassersportveranstaltungen zu Teambuilding und Mitarbeitermotivation
- Medientrainer für Behörden und Beamte
- Trendberaterin für Unternehmen der Sport- und Freizeitbranche
- Innenarchitektin für Hotels und Gastronomie
- Recyclingexperte für Baufirmen
- Energieberater für Lebensmittelkonzerne
- Ingenieur für Offshore-Windkraftanlagen
- Inhaber eines Feiertagsdekorationsladens (Weihnachten, Karneval, Oktoberfest)
- Veranstalter von Opernreisen
- Pflanzenfarbenfriseur
- Heilpraktiker mit Schwerpunkt Kinderwunsch
- Holzspielzeugmacher
- Tierarzt mit Spezialisierung Rennpferde
- Pyrotechniker für Open-Air-Konzerte
- Programmierer spezialisiert auf agile Softwareentwicklung
- Förster für Wüstenregionen

Auswertung: Was ist Ihre Spezialisierung?

Für die Spezialisierung gilt: Besser ein großer Fisch im kleinen Teich als ein kleiner Fisch im großen Teich. Ihre Spezialisierung kann aus einem Thema, aus einer Zielgruppe oder aus einem anderen Element bestehen. Entscheidend ist, dass Ihr zukünftiger Beruf dadurch eine klare Kontur erhält und Ihr Profil am Arbeitsmarkt sichtbar wird (Neu-Deutsch: *visible*). Haben Sie ein Brainstorming zu möglichen Spezialisierungen gemacht? Sehen Sie nun Ihre Liste durch. Wählen Sie die Spezialisierung aus, die Ihnen am meisten zusagt, die Ihnen am vielversprechendsten scheint oder auf die bislang unverständlicherweise noch niemand gekommen ist.

Wie Sie Ziele formulieren

Für die folgenden Überlegungen ist es wichtig, Ihr berufliches Ziel nun inklusive Spezialisierung schriftlich festzuhalten. Sie sollten dabei so konkret wie möglich werden. Das bedeutet, dass Sie Ihr Ziel in einem klaren Satz formulieren und nicht nur allgemeine Stichworte zum Thema Berufsfindung notieren. *Clarity is power* – in der klaren Formulierung eines Ziels liegt die Kraft, es auch zu erreichen.

Schauen Sie sich einmal die unterschiedliche Wirkung an zwischen der vagen Formulierung »Ich mache vielleicht mal was mit Medien« und dem präzise und selbstbewusst formulierten »Ich will Drehbücher für Soap Operas und Telenovelas schreiben« oder »Ich werde Kameramann für Tierdokumentationen«.

Auch Allgemeinplätze wie »Ich will anderen helfen« oder »Ich will etwas Sinnvolles tun« werden nicht ausreichen, um die Problemlösungsfunktionen Ihres Gehirns zu aktivieren. Geben Sie besser ein: »Ich will nach einem Aidsimpfstoff forschen«

oder »Ich will sichere Technik für die Nutzung von Kernenergie entwickeln.«

Kommen Sie dabei bitte nicht auf die Idee, lediglich zu notieren, was Sie *nicht* wollen. Das ist zwar einfacher, führt aber nicht zum Ziel und spornt auch nicht sonderlich an. Notieren Sie Ihre Ziele außerdem dort, wo Sie sie regelmäßig zur Kenntnis nehmen: in Ihrem iPhone, im Blackberry, über Ihrem Schreibtisch oder sichtbar neben dem Bett (um sie vor dem Einschlafen immer wieder anzusehen).

Bei der Formulierung von Zielen kommt es nicht unbedingt darauf an, »realistisch« zu sein. Es liegt in der Natur der Sache, dass Ziele nicht Realität, sondern eben noch Vision sind. Greifen Sie bei der Formulierung ruhig nach den Sternen. Schließlich werden die Ziele später noch in kleine Schritte und Etappenziele unterteilt. Lernen Sie, keine Angst vor großen und deutlich formulierten Zielen zu haben. Lesen Sie Ihre Ziele laut vor und gewöhnen Sie sich (auch akustisch) daran, dass Sie beispielsweise Bierbrauer in einem Entwicklungsland werden wollen. Oder dass Sie deutsche Mode in Russland verkaufen möchten. Oder dass Sie Achterbahnbauer, Gamedesigner oder Literaturagentin werden wollen. Ihr klar definiertes Ziel dient dazu, Sie zu außergewöhnlichen Leistungen zu motivieren und davon abzubringen, bei jeder auftretenden Schwierigkeit den Kopf hängen zu lassen.

Mein berufliches Ziel

Ich will ... oder: Ich werde ...

Formulieren Sie Ihr Ziel inklusive Spezialisierung in einem klaren und aussagekräftigen Satz.

Wie Sie Zielen Gewicht verleihen

Der amerikanische Motivationstrainer Anthony Robbins lässt seine Workshopteilnehmer und -teilnehmerinnen folgende Übung durchführen: Sobald die persönlichen Ziele klar formuliert sind, haben die Teilnehmer zehn Minuten Zeit, aufzuschreiben, was passieren wird, wenn sie sich jetzt nicht entscheiden, ihr Leben zu verändern und diese Ziele zu verfolgen. Wie werden sie sich in zwei, fünf oder zehn Jahren fühlen, und wie zufrieden werden sie sein?

Zweck der Übung ist, den eigenen Wünschen und Zielen mehr Gewicht zu verleihen. Die Teilnehmer führen sich dabei vor Augen, was es sie kosten wird, wenn sie alles beim Alten lassen. Durch Antworten wie »Dann werde ich weiterhin so schlapp vor mich hinarbeiten und mich überhaupt nicht wohlfühlen in meiner Haut« werden die Folgen der eigenen Passivität beschrieben. Dadurch bekommen die Ziele mehr Gewicht. Und je mehr Gewicht sie haben, desto mehr Energie kann man entwickeln, um sie zu erreichen.

Was wird passieren, wenn Sie Ihre Ziele jetzt nicht angehen?

Schreiben Sie auf, wie Sie sich in fünf Jahren fühlen werden, wenn Sie so weitermachen wie bisher. Dann notieren Sie, wie Sie sich bald fühlen könnten, wenn Sie sich jetzt mit Motivation, Einsatz und Durchhaltevermögen hinter Ihr neu formuliertes Berufsziel klemmen. Verschaffen Sie so Ihren Zielen das nötige Gewicht!

Zusammenfassung *Im vorangegangenen Schritt des Brainstormings haben Sie Ihrem Ziel eine Spezialisierung verschafft, die zu Ihnen passt. Ziel und Spezialisierung sind schriftlich formuliert und* mit einigen Gründen versehen, warum Sie besser heute als morgen mit der Realisierung beginnen.

In den folgenden Schritten geht es darum, wie Sie Ihr neu erarbeitetes Ziel umsetzen können. Welche Schritte führen vom Status Quo zu Ihrem beruflichen Ziel?

Die Recherche

Ob man ein Ziel erreicht oder nicht, hängt in erster Linie von der eingesetzten Strategie ab. Wenn sie gut ist, erreicht man mehr. Wenn sie schlecht ist, erreicht man weniger. Natürlich kann auch Glück im Spiel sein, aber erfahrungsgemäß ist das Glück in der Berufsfindung und im Karrierebauen mit den Tüchtigen. Wenn man sich ein Ziel in den Kopf setzt und losgeht, dann hilft einem auch das Schicksal: Sie finden auf einmal Informationen, die Sie vorher nicht gefunden haben. Es gibt auf einmal Unterstützung, mit der Sie nicht gerechnet hätten. Sie treffen auf Leute, die Ihnen weiterhelfen. Es gehen Türen auf, wo vorher nicht einmal Türen waren.

Auf dieses Glück können Sie zählen. Es entbindet Sie aber nicht von der Aufgabe, einen Plan zu entwickeln. Naturgemäß sind die Schritte zur Umsetzung für jeden Fall anders. Sie hängen von dem ab, was man erreichen möchte, aber auch von der persönlichen Situation. Die folgenden Hinweise verstehen Sie also bitte in erster Linie als Anregung. Daraus können Sie ableiten, welche Maßnahmen für Sie, Ihre Situation und Ihr Ziel passen.

Diese Maßnahmen geben Ihnen auch eine Antwort auf die Frage »Und was, wenn es nicht klappt?«. Ein kleiner Vergleich: Wenn Sie Ihren Urlaub gern in einem fernen Land verbringen möchten, denken Sie auch nicht unentwegt darüber nach, was Sie wohl tun, wenn es nicht klappt. Stattdessen gehen Sie die

Sache strategisch an: Sie fragen Leute, die schon einmal dort waren. Sie recherchieren, was man dort unternehmen kann und wie viel es kostet. Sie lassen sich beim Arzt oder beim Tropeninstitut über Impfungen beraten. Sie lesen Reiseführer, schauen sich im Lonely-Planet-Chat um und fragen im Reisebüro, informieren sich im Internet und vergleichen Preise. So planen Sie Ihre Reise Schritt für Schritt. Und je klüger Sie dabei vorgehen, desto wahrscheinlicher wird alles gelingen. Allein die *Möglichkeit*, es könne irgendwo zu Schwierigkeiten kommen, kann nicht Grund dafür sein, gar nicht erst mit der Planung zu beginnen. Im Gegenteil: Je schwieriger etwas auf den ersten Blick aussieht, desto wichtiger ist es, intelligent zu planen.

Wenn trotz guter Vorbereitung ein unerwartetes Hindernis auftaucht, zeigen Sie, dass Sie Probleme lösen können. Es ist oft leichter, eine Lösung zu finden, wenn das Problem tatsächlich da ist und nicht nur als Möglichkeit in Ihrer Vorstellung existiert. Sollten Sie generell Schwierigkeiten haben, Probleme zu lösen, so ist das natürlich ein Hindernis für die allermeisten Berufe. Aber vermutlich sind Sie in Ihrer Freizeit auch in der Lage, mit Schwierigkeiten fertigzuwerden.

Ein Tipp: Machen Sie sich klar, dass die Probleme, mit denen Sie in der Realität zu tun haben werden, in der Regel wesentlich harmloser sind als alles, was Sie sich vorher ausgemalt haben. Damit sage ich nicht, dass die Stellensuche leicht ist. Aber sie ist nie so unendlich schwer, wie man vorher gedacht hat.

Schritt 6: Wo gibt es solche Tätigkeiten?

In vielen Fällen wird jetzt schon klar sein, was zu tun ist. Wenn Sie Rechtsanwalt mit Schwerpunkt Zwangsheirat und Ehrenmord werden wollen, müssen Sie Jura studieren und Ihre Anwaltsstation in einer Kanzlei in Istanbul und Ihre Wahlstation in einem Frauenrechtsverein in Kairo absolvieren. Ist es Ihr Berufswunsch Apotheker mit Spezialisierung auf Traditionelle Chinesische Medizin zu werden, müssen Sie Pharmazie studieren und Kurse in Chinesischer Medizin in Peking (oder Bielefeld) belegen. Wenn Sie Schornsteinfeger mit Spezialisierung auf industrielle Brandschutztechnik werden wollen, weiß der Bundesverband des Schornsteinfegerhandwerks, wie Sie das anstellen, nämlich durch eine Lehre und ein zusätzliches Zertifikat.

Ist Ihre Wahl aber auf Abenteuerreiseleiterin, Anti-Nikotin-Trainer, Comedian, Mittelaltermarktveranstalter, Requisiteur, Foodstylistin oder Galerist gefallen, dann ist manchmal nicht klar, wie die ersten Schritte aussehen könnten. Dann beginnen Sie, die Welt nach Einsatzmöglichkeiten für Sie zu durchforsten: Wo könnte das, was Sie machen wollen, gebraucht werden? In welchem Umfeld könnten Sie Ihrer Wunschtätigkeit nachgehen? Wo würden Sie am liebsten arbeiten? Beginnen Sie wieder mit der Sammlung von Ideen.

Wo werden solche Tätigkeiten gebraucht?

Zu Beginn lesen Sie sich Ihr berufliches Ziel noch einmal laut und deutlich vor:»Ich will…« oder»Ich werde…«. Dann fragen Sie: An welchen Orten werden solche Tätigkeiten gebraucht? Und: An welchen Orten *könnten* solche Tätigkeiten gebraucht werden? Clowns beispielsweise treten nicht nur im Zirkus und auf Kindergeburtstagen auf. Clowns könnten Kinder auch in großen Kauf- und Möbelhäusern oder auf Straßenfesten und Märkten, in Arztpraxen, Krankenhäusern, Kindergärten, Vor- und Grundschulen unterhalten. Auch das Kinderfernsehen,

Restaurants, Theater und Theaterschulen kommen infrage. Clowns können auf Hochzeiten, Betriebsjubiläen, Empfängen, Kongressen und Turnieren auftreten. Es gibt Krankenhausclowns, Zauberclowns, Artistikclowns, Golfclowns, die für entsprechende Veranstaltungen gebucht werden (Spezialisierung!). Fußballreporter arbeiten nicht nur beim Fernsehen, beim Radio und bei Tageszeitungen, sondern auch bei Fachzeitschriften (*Kicker, Fußballwoche, 11 Freunde*), Stadionzeitungen, Vereinsmagazinen, bei Sportportalen im Internet sowie bei Jugend- und Lifestylemagazinen. Auch die Stadionmoderation, Stadion-TV und (wie Sie gesehen haben) sogar der S-Bahnhof am Stadion können Einsatzgebiete für einen zukünftigen Fußballreporter sein.

Veranstalten Sie wieder ein Brainstorming, nicht nur mit sich selbst, sondern mit Ihrem Unterstützungskomitee oder einigen kreativen Freunden. Fertigen Sie dabei eine Liste an, auf der sämtliche Ideen zunächst einmal schriftlich festgehalten werden. Hier einige Beispiele:

Wo könnten Outdoor-Trainer gebraucht werden?

- Abenteuerreiseveranstalter
- Hotels, Ferienclubs, Ressorts
- Unternehmensberatungen, Personalentwickler (mit Outdoor-Seminaren)
- Incentive-Agenturen
- Naturschutzorganisationen
- Naturschutzgebiete, Wildparks
- Jugendwerke
- Wandervereine
- Ausrüster für Expeditionen
- Fachmärkte für Outdoor-Ausrüstung
- Einrichtungen, die schwer erziehbare Jugendliche betreuen, Bewährungshelfer

- Weiterbildungsinstitute
- Konferenzveranstalter (Rahmenprogramm)
- Schulen, Grundschulen
- Kindergärten, Horte
- Forstämter

Wer könnte Interesse haben an Laufbahnberatung für Sportler?

- Sportvereine
- Olympiastützpunkte
- Spielergewerkschaften
- Sportmanager
- Mentaltrainer
- Verlage und Redaktionen (für Publikationen zum Thema)
- Agentur für Arbeit
- Karriereberater
- Sportpsychologen, Sportseelsorger
- Bundeswehr
- Sponsoren

Wo arbeiten Politikberater?

- Politikberatungen
- Wahlkampfteams, Wahlkampfzentralen
- Parteien
- internationale Organisationen: UNO, NATO, ILO, UNESCO
- Nichtregierungsorganisationen: Amnesty International, Greenpeace usw.
- Bundesministerien: Wirtschaft, Außenpolitik, Umwelt
- politische Verwaltungen, Ausschusswesen
- Europäische Kommission
- Botschaften, Konsulate

- Politische Institute an Hochschulen

- Politische Stiftungen und deren Auslandsvertretungen:
  Friedrich-Ebert-Stiftung, Konrad-Adenauer-Stiftung usw.

- Lobbys, Verbände, Interessenvertretungen

- Konzerne (zum Beispiel Energieversorger, Rüstungsindustrie,
  Telekommunikation)

- Institutionen für politische Bildung

Wer könnte Interesse an der von Ihnen angestrebten Tätigkeit haben?

Stellen Sie eine Liste mit möglichen Einsatzorten für sich und Ihre Wunschtätigkeit zusammen. Auch bei diesem Brainstorming gilt: Sagen Sie niemals »Das ist doch Quatsch«. Es ist gar nicht lange her, da waren Pferdeflüstern und große Diashows über Motorradtouren rund um die Welt veranstalten auch »Quatsch«. Nachhilfe war kein Beruf, sondern eine kleine Taschengeldaufbesserung für Gymnasiasten. Sporttrainer waren Eltern, die zufällig Zeit hatten, wenn Training war. Mit dem ewigen Abqualifizieren bringt man sich um die schönsten Ideen. Daher geht in diesem Brainstorming (und in allen anderen Brainstorming-Runden) Quantität immer vor Qualität. Ausgewertet wird später.

Die Auswertung

Wenn Sie alle Möglichkeiten für Ihren Einsatz notiert haben, wählen Sie aus, welcher Bereich Ihnen davon am attraktivsten erscheint. Welche Idee ist die beste?

*Wenn Sie sich die Liste Ihrer möglichen Einsatzgebiete ansehen –
wozu haben Sie am meisten Lust? Was ist am attraktivsten oder
vielversprechendsten?*

Markieren Sie den Bereich auf Ihrer Liste!

Tätigkeit + Spezialisierung + Einsatzgebiet

Sie sollten nun in der Lage sein, Ihren Wunschberuf mit einer
Spezialisierung und einem Einsatzgebiet zu versehen. Einige
Beispiele (die Sie bitte nur zur Anregung nutzen und nicht dazu,
sich an irgendein Muster anzupassen):

- Ich werde Rechtsanwalt mit Spezialisierung auf ärztliche
  Kunstfehler in einer Versicherung (die Ärzte versichert).
- Ich werde Existenzgründungsberater für Handwerker in
  einer Handwerkskammer.
- Ich studiere Mathematik, schreibe meine Doktorarbeit über
  Statistik und gehe zum Statistischen Bundesamt.
- Ich werde Lobbyist für Energiepolitik bei einem Energiever-
  sorger.
- Ich werde Recyclingberater für Baufirmen bei einem großen
  Entsorger.
- Ich werde Recylingberater für Lebensmittel (Restaurant/
  Hotelabfälle, abgelaufene Lebensmittel aus dem Handel etc.)
  bei einem großen Entsorger.
- Ich werde Schuhmacherin für Bühnenschuhe und gehe an
  eine Musicalbühne.
- Ich werde Textilingenieurin bei einer Seidenweberei.

- Ich werde Bibliothekarin mit Spezialisierung auf Digitalisierung in einer historischen Bibliothek.

- Ich werde Chemiker, spezialisiere mich auf Gerüche und gehe zu einem Kunststoffentwickler.

- Ich werde Lebensmittelchemiker, spezialisiere mich auf Geschmacksstoffe und gehe zu einem Getränkeproduzenten.

- Ich studiere Medizin, schreibe meine Dissertation über ein Thema aus der Impfforschung und gehe dann in die Forschungsabteilung eines Arzneimittelherstellers.

- Ich werde Koch, spezialisiere mich auf Fooddesign und arbeite für Kochbuchverlage.

Zusammenfassung *Schauen Sie sich Ihren bisher erarbeiteten Traumberuf an. Braucht er eine weitere Spezialisierung? Dann fertigen Sie mithilfe eines Brainstormings eine Liste von möglichen Einsatzorten an. Wählen Sie den Ort aus, der Ihnen am attraktivsten erscheint. Sie haben Ihrem Traumberuf nun ein klares Profil verschafft – eine sehr gute Ausgangsposition für die folgenden Überlegungen.*

Schritt 7: Informieren Sie sich

Im vorangegangenen Schritt haben Sie ein konkretes Einsatzgebiet für Ihre Tätigkeit festgelegt. Es ist nun an der Zeit, Informationen über die Unternehmen und Agenturen, die in diesem Bereich tätig sind, sowie über Projekte, die hier durchgeführt werden, zu sammeln. Beginnen Sie Ihre Recherche mit einer Liste aller Arbeit- oder Auftraggeber, die möglicherweise für Ihr Vorhaben interessant sein könnten.

Das kann manchmal ganz einfach sein: Wenn Sie Koch werden wollen, kaufen Sie sich einen Restaurantführer Deutschland. Wenn Sie Tierpfleger werden wollen, kaufen Sie sich einen Zooführer Deutschland, Österreich, Schweiz. Wenn Sie Jugendherbergsmutter werden wollen, besorgen Sie sich das internationale Jugendherbergsverzeichnis.

Manchmal ist es etwas aufwändiger: Ist es Ihr Berufswunsch Eventtechnikerin zu werden, besuchen Sie zunächst die Internetseite eines Eventagenturenverbands. Finden Sie eine Datenbank mit Eventagenturen, zum Beispiel auf der Homepage einer Fachzeitschrift für die Veranstaltungs- oder Werbebranche. Zusätzlich besorgen Sie sich bei der Messe Wiesbaden das Ausstellerverzeichnis der *World of Events*. Bestellen Sie ein Probe-Abo der Fachzeitschrift *Eventpartner* und schauen Sie, welche Agenturen dort im redaktionellen Teil und in den Anzeigen stehen (Sie werden sich wundern, wie viele deutsche und internationale Fachzeitschriften es für alle möglichen Bereiche gibt). Gehen Sie auf viele Events und bringen Sie in Erfahrung, welche Agentur dafür verantwortlich zeichnet, welche Technik eingesetzt wurde und wer die Technik gebaut hat.

Wenn Sie Fanbeauftragter werden wollen, studieren Sie die Aktivitäten der Vereinigung aktiver Fußballfans. Zieht es Sie dagegen in die Markenentwicklung von Naturprodukten, bietet sich ein Blick in die Grünen Seiten an. Wenn Sie auf einer archäologischen Ausgrabungsstelle arbeiten wollen, finden Sie auf den Internetseiten eines archäologischen Instituts eine Liste von Firmen, die solche Ausgrabungen organisieren.

Mithilfe der Suchmaschinen lassen sich außerdem Informationen finden zu Tonstudios, Bierbrauereien, Käsereien, Fischzüchtern, Obstplantagen, Suchtkliniken, Bestattern und zu

Möglichkeiten, am Persischen Golf Deutsch zu unterrichten. Übrigens hilft es auch, Augen und Ohren offen zu halten. Ist man erst einmal für bestimmte Themen sensibilisiert, findet man überall interessante Neuigkeiten. »Berufsfindung macht magnetisch für Informationen«, behaupten die Pädagogen Johanna Frank und Lorenz Wolff in einem Buch über Berufsfindung.[5] Es lohnt sich ebenfalls, Freunde und Bekannte über das eigene Vorhaben aufzuklären. Etwa so: »Ich habe mich jetzt endgültig entschieden, dass ich bei einem Kongressveranstalter arbeiten möchte. Ich sammle gerade Informationen und Adressen. Wenn du irgendwas in der Zeitung liest, dann schneid es doch für mich aus oder schick mir den Link.« Mehr Augen sehen mehr, und schnell wird man Ihnen aus den unterschiedlichsten Quellen neue Adressen und Informationen zuschicken. Zur Erinnerung: Wenn Sie nicht mit einem dicken Erbe gesegnet sind, dann gehört jede dieser Informationen zu Ihrem Kapital. Heften Sie sie deswegen in Ihrer Berufsfindungsmappe ab.

Stellen Sie eine Liste möglicher Arbeit- und Auftraggeber zusammen.

Diese Liste lässt sich möglicherweise nicht sofort realisieren. Fangen Sie in diesem Fall mit einigen wenigen Adressen an und lassen Sie Ihre Liste nach unten hin offen. Im Lauf Ihrer Recherchen werden Sie ohnehin immer wieder auf neue Informationen stoßen.

Informationen sammeln

Wenn Sie eine Liste zusammengestellt haben, beginnen Sie damit, Informationen zu jedem auf der Liste zu sammeln: Wie groß, wie alt, wie erfolgreich, wie teuer? Schauen Sie auf die Internetseite, tragen Sie sich in den Newsletter ein, lassen Sie sich Prospekte zuschicken, verfolgen Sie die Presse. Manchen Berufssuchern fällt es leichter, diese erste Informationsphase unter einem Vorwand durchzuführen. Sie geben vor, dass sie im Rahmen einer Hausarbeit an der Universität eine Studie erstellen, dass sie einen Artikel schreiben oder dass sie einen Projekttag an der Schule ihrer Tochter vorbereiten. Ob Sie eine Ausrede bemühen oder nicht, bleibt ganz allein Ihnen überlassen. Sagen Sie das, womit Sie sich wohlfühlen. Die Informationen arbeiten Sie durch und heften sie dann in Ihren Berufsfindungsordner. Sie sollten jetzt bereits eine ganze Menge über den Markt, also über potenzielle Arbeit- und Auftraggeber, in Erfahrung gebracht haben. Allein die Beschäftigung mit diesen Informationen bietet Ihnen wertvolle Hinweise für Ihr weiteres Vorgehen.

Marktforschung für Selbstständige

Diese Form der Recherche eignet sich auch für eine erste Marktforschung für Selbstständige. Wenn Sie beispielsweise ein Tonstudio eröffnen wollen, sollten Sie sich zunächst einmal schlaumachen, welche Tonstudios es in Ihrer Stadt gibt, für welche Musiker sie gearbeitet haben und welche Dienstleistungen sie anbieten. Eine Liste mit Adressen finden Sie in einem Nachschlagewerk für die Medienbranche oder einer entsprechenden Datenbank im Internet. Auch wenn Sie sich als Rechtsanwalt mit Spezialisierung auf Fußballspielervermittlung niederlassen wollen, sollten Sie herausfinden, welche anderen Anwälte auf dem Gebiet tätig sind und wie deren Aktivitäten, Erfolge und Misserfolge aussehen. Diese Informationen wird man Ihnen zwar nicht freiwillig zuschicken, aber vielleicht finden Sie ja aus der einen oder anderen Quelle etwas heraus. Das gibt Ihnen zusätzliche Anhaltspunkte, wie Sie Ihre Selbstständigkeitsidee weiterentwickeln können. Wie können Sie besser und erfolgreicher sein als die anderen?

Hier zur Anregung ein Bericht von Maike Brunk, die sich mit alternativen Touren durch den Hamburger Hafen selbstständig gemacht hat. Ihre zusätzliche Spezialisierung: Die meisten ihrer Kunden sind nicht Touristen, sondern Hamburger.

Maike und die Hafentour

Als Erstes habe ich mir die Angebote rund um den Hafen angeschaut: Wer ist am Markt? Was bieten die an? Dann habe ich selbst einige typische Hafenrundfahrten mitgemacht. Ich habe mich mit den Mitreisenden unterhalten und so erste Anhaltspunkte bekommen, was den Gästen gefällt und was sie sich anders wünschen. Auf Basis dieser Informationen habe ich einen Fragenkatalog entwickelt und mich einige Tage später zur Marktforschung an die Landungsbrücken begeben. Mehr als 300 Passanten habe ich befragt und versucht herauszufinden, was sie sich von einer guten Hafentour wünschen. Wichtigste Erkenntnis für mich war, dass Hamburger die typischen Hafenrundfahrten meist nur widerwillig über sich ergehen lassen, wenn ihr Besuch danach verlangt. Aus eigenen Stücken macht kaum ein Hamburger eine moderierte Hafenrundfahrt mit. Hauptkritikpunkt war die meist heruntergeleierte Hafenerklärung mit den immer gleichen Witzen und Sprüchen. Meine Geschäftsidee nahm Form an: Warum nicht Hafentouren für Hamburger mit ausschließlich wahren, aber dennoch spannenden und unterhaltsamen Geschichten anbieten? Die Moderation würde ich selbst übernehmen, da mich der Hafen und die Schiffe schon immer fasziniert haben. Geschichten habe ich im Internet recherchiert oder durch persönliche Gespräche mit Hafenexperten und Historikern gefunden. Die Umfrage hatte außerdem ergeben, dass kaum jemand sich im Hafengebiet auskennt und auch kombinierte Touren Wasser-Straße – vor allem mit einer Überquerung der Köhlbrandbrücke – interessant wären. Meine Geschäftsidee wurde so immer präziser: Öffentliche Hafentouren an festen Terminen für Hamburger zum Kennenlernen. Und danach individuelle Touren ganz nach Kundenwunsch zusammengestellt. Ach, und übrigens: Alle, die bei meiner Marktforschung an den Landungsbrücken teilgenommen haben, kriegten natürlich einen Gutschein von mir für eine meiner Hafentouren. Damit hatte ich gleich erste Kunden, die mich dann weiterempfehlen konnten.« (Notiz: Aus Berufsberaterinnensicht kann man das nicht besser machen!)

Eine Auswahl treffen

Wenn Sie alle Informationen zu den Organisationen und Projekten auf Ihrer Liste durchgearbeitet haben, wählen Sie die etwa drei bis vier für Sie interessantesten Unternehmen aus. Diese Arbeitgeber stehen von nun an im Zentrum Ihrer Aufmerksamkeit. Sammeln Sie weiter alles über diese für Sie besonders attraktiven Unternehmen und Projekte. Je mehr Sie über Ihren zukünftigen Arbeitgeber wissen, desto stärker ist Ihre Position. Dazu gehört, dass Sie zum Tag der offenen Tür fahren, eine Führung mitmachen (zum Beispiel, wenn Sie in einem Hotel oder einer Brauerei arbeiten wollen), dass Sie die Biografie des Gründers, seinen Eintrag in Wikipedia und Interviews mit ihm lesen.

Wenn Sie sich als Fußballreporter bei einem Sportportal bewerben wollen, sammeln Sie alles, was Sie über die beiden erfolgreichsten Angebote in Erfahrung bringen können, beispielsweise wie der Service vermarktet wird, welche Schwierigkeiten bereits aufgetreten sind, welche Personalpolitik dort verfolgt wird und welchen beruflichen Werdegang der Chefredakteur hat. Jede Information bringt Sie Ihrem Ziel ein kleines Stück näher.

Dabei sind die besten Quellen oft Leute, die in den betreffenden Projekten, Branchen, Unternehmen arbeiten oder gearbeitet haben und die Auskunft über die internen Abläufe und Besonderheiten geben können. Wenn Sie nicht über entsprechende Kontakte verfügen, hören Sie sich in Ihrem Bekanntenkreis, bei Facebook und Xing um, ob Ihnen jemand weiterhelfen kann.

Das fleißige Sammeln ermöglicht Ihnen außerdem, im Vorstellungsgespräch zu fachsimpeln. Ein Beispiel: Peter möchte sich als Grabungstechniker bei einem archäologischen Ausgrabungsprojekt bewerben. Zum Glück weiß er Bescheid über die Probleme, die zum Beispiel mit einem hohen Grundwasserspiegel auftreten:»Seit einem Jahr verfolge ich Ihre Ausgrabungen auf Kreta. Ich war sehr beeindruckt, wie Sie mit dem neuen abc-Verfahren das Wasser umgeleitet haben. Leider kam es wegen eines Risses in der Außenwand zu Problemen mit xyz. In der Nähe von Kairo wird momentan das abc-Verfahren erprobt. Soweit ich weiß, hat man aber folgende Erfahrungen damit gemacht ...«

Oder:»Ich habe gesehen, dass Ihre Stadtführerreihe zu europäischen Großstädten sehr gut läuft. Vor allem die Ausgaben über Rom und London haben mir wegen a, b und c gut gefallen. Ihre Kollegen vom ABC-Verlag dagegen haben sich mit ihrer neuen Reise-Reihe wohl verschätzt. Ich glaube, die ganzen Hinweise zu Szene und Nachtleben sind für eine Printreihe einfach zu schnell veraltet. Dagegen gefällt mir die Reihe vom französischen XYZ-Verlag sehr gut. Gerade die kleine Figur, die den Leuten in jedem Band begegnet, hat einen hohen Wiedererkennungswert.« Wenn Sie bei einem Vorstellungsgespräch so reden können, fühlen Sie sich sicherer und kommen raus aus der Bittstellerposition.

Noch ein Vergleich: Wenn Sie den Mann oder die Frau Ihrer Träume ansprechen wollen, dann fragen Sie auch nicht gleich, ob man vielleicht zusammenkommen könnte. Im Gegenteil: Im besten Fall eröffnet man den Kontakt mit einem Thema, das den anderen interessiert oder sogar beide verbindet. Allerdings sollte man eben etwas zu diesem Thema sagen können ...

Wenn es möglich ist, schauen Sie sich einige Unternehmen oder Organisationen Ihrer Liste vor Ort an. Simone, die als Masseurin in einem Wellnesshotel arbeiten möchte, besucht zwei Monate lang jedes Wochenende Hotels, die verschiedene Massagen, Akupunktur und Schönheitspflege anbieten. Manche besichtigt sie, in anderen verbringt sie ein Wellnesswochenende. Frank, der als angehender Arzt für innere Medizin Spezialist für Organtransplantationen werden möchte, begibt sich inkognito in die entsprechende Abteilung der drei von ihm ausgewählten Krankenhäuser. Dort spricht er eine Schwester an und befragt sie nach den interessantesten Fällen der Station, den typischen Problemen und den wichtigsten Leuten. Er kann dann (sollte es sich in einem Vorstellungsgespräch anbieten) den Chefarzt auf diese Fälle ansprechen. Vielleicht hat der Chefarzt kürzlich einen Fachartikel geschrieben – lesen Sie ihn!

Oder Sie fahren auf eine Fachmesse. Das bringt den Vorteil mit sich, dass Sie innerhalb einiger Stunden mehrere Firmen besuchen und sich über Produkte und Marketing informieren können. Auch Recruiting-Veranstaltungen und Kontaktmessen können gute Informationsquellen sein. Dort sehen Sie auch, welche Leute für das Unternehmen arbeiten und wie sich die Mitarbeiter präsentieren. Das hilft, wenn Sie später überlegen, ob Sie im Anzug oder doch lieber mit schwarzem Rolli zum Vorstellungsgespräch gehen.

Die Erkenntnisse, die Sie bei Ihren Erkundungen gewinnen, sollten Sie schriftlich in Stichworten festhalten (Notizfunktion Ihres Smartphones oder in Ihrer Berufsfindungsmappe). Viele wertvolle Details gehen sonst verloren. Außerdem ist es manchmal schwer zu entscheiden, welches Detail noch einmal wertvoll werden könnte.

»Warum möchten Sie ausgerechnet bei uns arbeiten?«

Mit dieser Art der Recherche erarbeiten Sie sich auch eine Antwort auf die berüchtigte (aber übrigens gar nicht so oft gestellte) Frage: »Und warum möchten Sie ausgerechnet bei uns arbeiten?« Sie können dann wahrheitsgemäß antworten: »Zuerst habe ich eine Liste aller Firmen zusammengestellt, die mich interessieren. Dann habe ich mir Informationen besorgt und diese ausgewertet. Ihr Unternehmen fiel mir dabei besonders durch den Einsatz der xyz-Technik auf. Daher würde ich meine Erfahrungen auf diesem Gebiet gern in Ihr Unternehmen einbringen.«

Selbstverständlich funktioniert diese Form der Bewerbungsvorbereitung auch bei der Suche nach einem Praktikumsplatz. Bewerben Sie sich erst dann um ein Praktikum, wenn Sie über das Unternehmen, das Projekt, die Agentur informiert sind, und zwar so gut wie möglich!

Zusammenfassung *Ihr unersetzliches Kapital bei der Berufsfindung besteht aus Informationen, Ideen und Kontakten. Stellen Sie zunächst eine Liste aller möglichen Arbeit- und Auftraggeber zusammen. Besorgen Sie Informationen. Werten Sie aus, welches die interessantesten Adressen für Sie sind. Konzentrieren Sie sich bei Ihrer weiteren Recherche auf diese Kandidaten und tragen Sie alle auffindbaren Informationen zusammen. Diese Vorgehensweise bie-*

tet sich auch dann an, wenn Sie sich selbstständig machen und den Markt erkunden wollen. Informieren Sie sich über Ihre Mitbewerber. Das gibt weitere wertvolle Hinweise für Ihren Weg. Gehen Sie bei der Informationsbeschaffung – falls nötig – kreativ vor.

Schritt 8: Bauen Sie Kontakte auf

In fast jeder Phase Ihrer Berufsfindung, also auch dann, wenn Sie das Gefühl haben, nicht weiterzukommen, werden Ihnen gute Kontakte helfen. Dabei geht es keinesfalls darum, dass Ihr Vater Sie in der Firma eines Studienkollegen unterbringt. Es geht um professionelle Kontakte, also um Leute, die Sie vor allem *beruflich* schätzen.

Leute, die in »Ihrem« Bereich arbeiten oder gearbeitet haben, liefern Ihnen besonders interessante Informationen: Welche Entwicklungen zeichnen sich in einer Branche ab? Was sind die mittel- und langfristigen Pläne des Unternehmens? Welche Probleme bestehen dort oder welche werden sich voraussichtlich entwickeln? Wann wird welche Stelle frei? Und: Wer ist besonders wichtig? Leute, die in dem von Ihnen angestrebten Bereich arbeiten, können Ihnen Details geben, die von außen schwer zu bekommen sind und die – man mag es kaum glauben – vielleicht nicht einmal im Internet stehen.

Wie man solche Leute findet? Zunächst einmal müssen Sie sich überlegen, zu wem Sie einen Kontakt aufbauen wollen. Wenn Sie beispielsweise Kamerafrau für Tierdokumentationen werden wollen, ist es nützlich, sich mit Journalisten, Produzenten, Kameraleuten, Cuttern, Regisseuren, Tierärzten, Dompteuren, Zoodirektoren, Tierpflegern oder Tierfotografen zu unterhalten. Wenn Sie eine Dokumentation sehen, die Ihnen besonders gefällt (oder besonders missfällt), finden Sie heraus, wer Regie geführt hat, wer der zuständige Redakteur ist und wie der Kameramann heißt. Die Namen stehen im Abspann, und die Internetseite des Senders weiß Bescheid. Wenn Sie Kinderbücher veröffentlichen wollen, sprechen Sie mit Autoren, Lektoren, Verlegern, Feuilletonredakteuren, Buchhändlern, Literaturagenten, Grundschullehrern und Erziehern. Hören Sie sich in Ihrem Bekanntenkreis um. Es wird sich schnell jemand finden, der einen Kontakt vermitteln kann.

Kontakte herstellen

Den Kontakt zu einer konkreten Person herzustellen ist oft viel leichter, als man denkt. Laut der *Small-World-Hypothese* ist jeder Mensch auf der Welt mit jedem anderen über eine überraschend kurze Kette von Bekanntschaftsbeziehungen verbunden. Die Versuche dazu stammen aus den sechziger Jahren. Ein Paket sollte quer durch die USA nur über persönliche Kontakte weitergegeben werden: über die Cousine eines Freundes oder über den Nachbarn des Friseurs um die Ecke. Die Zahlen wurden so interpretiert, dass jeder Amerikaner jeden anderen Amerikaner durch maximal sechs Kontakte erreichen kann.

Das ist lange her, und durch E-Mail und Internet sind die Wege noch kürzer geworden. Spielen Sie es einmal im Kopf durch: Sie wollen einen Kontakt zu Bastian Schweinsteiger oder zu Anne Will herstellen. Wen könnten Sie fragen? Wie viele Kontakte würden Sie benötigen?

Ob Sie nun vier, fünf oder sechs Kontakte brauchen, ist für Ihre Berufsfindung nicht entscheidend. Wichtig ist, sich klarzumachen, dass es immer Wege gibt, andere Leute persönlich zu erreichen, und dass inoffizielle Wege dabei meistens kürzer sind als offizielle.

Wenn Sie es geschafft haben, jemanden ans Telefon zu bekommen, der auf dem von Ihnen angestrebten Tätigkeitsgebiet arbeitet, fragen Sie ihn, ob er bereit ist, sich mit Ihnen zu unterhalten. Etwa so: »Guten Tag, hier spricht Michaela Ritter. Ich mache zurzeit eine Ausbildung zur Gebäudereinigerin. Letzte Woche war ein Tatortreiniger in unserem Betrieb, der seine Arbeit vorgestellt hat. Von ihm habe ich Ihre E-Mail-Adresse und soll herzlich grüßen. Ich würde nun gern noch mehr herausfinden über die Arbeit eines Tatortreinigers. Darf ich Ihnen ein paar Fragen dazu stellen? Es dauert auch nicht länger als zehn Minuten.« Da fast alle Leute sich freuen, wenn man sich ernsthaft für sie interessiert, stellen Sie Ihrem Gesprächspartner Fragen, zum Beispiel:

• Wie sieht Ihr ganz normaler Arbeitsalltag aus?

• Was macht am meisten Spaß, was am wenigsten?

• Wie sind Sie in diese Position gekommen?

• Was muss man dafür können, fachlich und außerfachlich?

• Haben Sie einen Tipp, mit wem ich mich noch unterhalten sollte?

Die Auskünfte Ihrer Informanten liefern Ihnen weitere Hinweise darüber, wie Sie Ihren Traumberuf realisieren können. Auch hier gilt: Jede einzelne Information bringt Sie Ihrem Ziel ein kleines Stück näher. Natürlich notieren Sie die wichtigsten Punkte des Telefonats schriftlich und heften Ihre Notizen im Berufsfindungsordner ab.

Der Berufsberater Richard Bolles weist darauf hin, dass Sie als Berufssucher die vorher angegebene Zeit von zehn Minuten nicht überziehen sollten. Machen Sie durch Ihr Verhalten deutlich, dass Sie kein Zeitdieb sind, sondern sich an Ihre eigenen

Vorgaben halten. Nur wenn Ihr Gegenüber durch lange Antworten deutlich signalisiert, dass er gern mehr Zeit für Sie hat, dann dürfen Sie darauf eingehen.[6]

Denken Sie bei Ihren Gesprächen bitte daran, dass nicht alles, was Menschen über ihren Beruf erzählen, unbedingt und für jeden Fall stimmt. Beispielsweise gibt es Möbeldesigner, Fotografen oder Texter, die angeben, unter dem schlechten Geschmack ihrer Kunden zu leiden. Das mag im Einzelfall stimmen, gilt aber nicht als Argument für oder gegen den Beruf. Außerdem werden Sie feststellen, dass sich Aussagen widersprechen, beispielsweise wenn ein Schauspieler Ihnen vorschwärmt, dass man beim Film viel in der Welt herumkommt, und der andere jammert, weil er jeden Abend am selben Haus spielt. Der eine Entwicklungshelfer freut sich, dass er einen Zusammenschluss von Kaffeebauern organisiert hat; der andere ist nach zehn Jahren Berufserfahrung überzeugt, einen vollkommen sinnlosen Job zu haben, weil alles, was er aufgebaut hat, wieder zerstört wurde.

Gejammert wird viel und überall. Manche Rechtsanwälte haben mit interessanten Fällen und interessanten Klienten zu tun, andere bearbeiten lustlos immer wieder dieselben Mietrechtsfragen. Daher ist es sinnvoll, mit Leuten zu sprechen, die von ihrem Beruf begeistert sind und die ihre Sache lieben. Wenn Sie aus diesem Buch nur eine Sache mitnehmen wollen, dann vielleicht diese: Orientieren Sie sich nicht an Leuten, die selbst frustriert sind!

Für die erste Kontaktaufnahme

Kontaktpersonen spielen nicht nur bei der Informationsbeschaffung eine große Rolle. Sie helfen auch bei der Anbahnung von Bewerbungsgesprächen. Wer seinen Anruf beim Projektleiter beginnen kann mit:»Ich soll Sie herzlich von Frau Wartenberg vom Deutschen Stiftungsverband grüßen«, wird schneller als andere auf offene Ohren treffen.

Überlegen Sie, auf wen Sie sich in einem ersten Gespräch berufen können. Vielleicht auf Ihren Universitätsprofessor, auf Ihren Ex-Chef aus dem Praktikum oder auf den Experten, den Sie auf einer Konferenz kennen gelernt haben? Selbstverständlich müssen Sie diese Menschen von Ihrem Vorhaben unterrichten. Sonst erleben Sie später möglicherweise eine böse Überraschung, wenn Sie eine Absage per E-Mail erhalten:»Frau Wartenberg kann sich nicht an Sie erinnern und bittet Sie auf diesem Weg, ihren Namen nicht weiter für Ihre Zwecke zu nutzen.«

Zur Anbahnung von Karrierekontakten ist es außerdem wichtig, sich in einer bestimmten Szene sehen zu lassen. Zu nahezu jedem Thema finden Kongresse, Symposien und Weiterbildungen statt. Ob Sie als Privatdetektiv Kunstfälschern das Handwerk legen oder als Psychologin in der Betreuung von Häftlingen arbeiten wollen; ob Sie Krimis schreiben, Computerspiele programmieren oder Parfumeur bei einem Wasch- und Putzmittelhersteller werden wollen – um Kontakte anzubahnen, sollten Sie sich dort umsehen, wo sich die für Sie wichtigen Menschen tummeln. Halten Sie die Augen offen und suchen Sie im Internet nach entsprechenden Veranstaltungen.

Das bedeutet natürlich nicht, dass Sie sich die Hälfte Ihrer Arbeitszeit auf Partys herumtreiben sollen. Überlegen Sie in jedem Fall, welche Veranstaltung einen Nutzen für Sie verspricht. Oder bewerten Sie wenigstens im Nachhinein, welche Veranstaltung Sie wieder besuchen würden und welche nicht. Ein Tierarzt mit Spezialisierung auf Rennpferde lernt seine Kunden vielleicht eher auf einer Auktion kennen als auf einem Tierärztekongress. Vergessen Sie nicht: Zeit ist kostbar, und wer viel herumsteht und redet, wirkt leicht so, als hätte er nichts zu tun.

Die Gesprächseröffnung

Um Ihren Ansprechpartner dazu zu bringen, Ihnen überhaupt zuzuhören, eignen sich zwei Komponenten: erstens wie gesagt die Grüße von einem persönlichen Kontakt, zweitens der Bezug auf etwas, das Ihr Gegenüber gesagt oder getan hat. Also: »Ich habe gestern Ihr Interview in der Zeitung gelesen ...«, »Ich habe mich sehr über Ihr neues Buch gefreut ...« oder »Ich war sehr begeistert von den Thesen, die Sie auf der Podiumsdiskussion letzten Donnerstag vertreten haben«. Damit zeigen Sie, dass Sie sich ernsthaft für die Sache interessieren.

Noch ein Hinweis zum Thema Kontakte: Unterscheiden Sie im Karrierebauen immer deutlich zwischen Kontakten, die der Recherche dienen, und solchen, die Sie möglicherweise für eine Bewerbung nutzen wollen. Wenn Sie ein Informationsgespräch führen und am Schluss nach einem Praktikumsplatz fragen, kommt das nicht gut an.[7]

Zusammenfassung *Der achte Schritt des Workshops handelt von der Bedeutung persönlicher Kontakte für die Berufsfindung. Neben der Informationsbeschaffung dienen sie auch dazu, sich später bei Bewerbungen auf sie berufen zu können und einen Gesprächseinstieg daraus zu basteln. Wenn Sie sich mit Ihrem Gegenüber beschäftigt haben, können Sie Eindruck machen. Umgekehrt gilt: Wenn Sie sich nicht mit Ihrem Gegenüber beschäftigt haben (»Ach, Sie haben gerade ein neues Buch veröffentlicht? Worum geht es denn da?«), werden Sie nicht in guter Erinnerung bleiben.*

Für fast alle Bewerbungen ist Berufserfahrung hilfreich, wenn nicht gar Voraussetzung. Damit Sie sich bei Ihren ersten Annäherungsversuchen an Ihren Wunscharbeitgeber nicht als Greenhorn blamieren, geht es im nächsten Schritt um eine Frage, mit der sich jeder Berufssucher, jede Berufssucherin herumschlagen muss: Wie bekommt man eigentlich die Chance, allererste Arbeitserfahrungen zu machen?

Die Arbeit

Aller Anfang ist schwer, weiß der Volksmund. Und das gilt auch für einen neuen Beruf. Denn wer sich bei seinem Traumunternehmen um einen Job oder einen Auftrag bewirbt, sollte irgendetwas vorweisen können: Wissen, Erfahrung, vielleicht sogar erste Erfolge. Auch wenn Sie auf einem Empfang oder einer Konferenz wichtige Leute kennen lernen, müssen Sie etwas zu erzählen haben. Gehen Sie nicht hin mit einem Gesichtsausdruck:»Ich würde ja gern …, aber mir fehlen einfach die Kontakte.«

Wie also ist es möglich, die allerersten Erfahrungen auf einem Gebiet zu sammeln? Man kann dann von ihnen erzählen, man kann sie immer weiter ausbauen, und sie helfen natürlich auch, mehr Vertrauen in die eigene Berufsidee zu setzen.

Schritt 9: Machen Sie schon vor der Bewerbung die ersten Berufserfahrungen

Die ersten Schritte sind für viele Berufe klar: Praktikum und Ausbildung oder Studium und Praktikum. Wobei man manchmal für ein Praktikum auch schon erste Erfahrungen vorweisen muss. Also wo soll man anfangen?

Außerdem gibt es Berufe, für die es gar keine Praktika gibt oder bei denen nicht klar ist, welches ein guter erster Schritt wäre. In solchen Fällen muss man seinen Ausbildungsplan (teilweise) in Eigenregie schreiben. Unter Umständen muss man seinen »Praktikumsplatz« mit einem eigenen Projekt quasi selbst in die Welt bringen. So demonstriert man unternehmerisches Denken, Initiative und Begeisterung und macht potenzielle Arbeitgeber auf sich aufmerksam. Man hat etwas zu erzählen und kann seine (Praktikums-)Bewerbung damit beginnen.

Vom zukünftigen Sportreporter Lars, der den S-Bahnsteig am Stadion moderiert, haben Sie bereits gelesen. Wie könnte ein solches Berufsprojekt *für Sie* aussehen? Zum Beispiel: Wenn Sie Weddingplanner werden wollen, organisieren Sie die Hochzeit Ihrer besten Freundin. Akquirieren Sie unter den Gästen den nächsten Auftrag. Produzieren Sie ein Video mit den besten Szenen, das man auf Ihrer Website sehen kann. Es muss so schön sein, dass jeder Besucher sofort denkt: »Das will ich auch haben.« Die Braut soll nach der Hochzeit den Link auf ihrer Facebookseite empfehlen.

Wenn Sie Konditorin werden wollen, machen Sie zunächst einen Keksbackkurs. Danach backen Sie die Hochzeitskekse für Ihre Freundin und fotografieren sie ausgiebig. Die Kekse müssen so schön aussehen, dass der Konditormeister, beim dem Sie sich bewerben, denkt: »Die Frau wäre ein super Lehrling für uns!« Wenn Sie Webdesigner werden wollen, bauen Sie Webseiten: erst für sich selbst, dann für die Zahnarztpraxis Ihrer Freundin, dann für Ihren Lieblingsdelikatessenladen. Danach machen Sie sich an die Überarbeitung Ihrer eigenen Website und stellen Ihre Arbeitsproben dort vor. Alles muss umwerfend aussehen. Dem alten Sprichwort »Der Schuster selbst trägt die schlechtesten Schuhe« würde ich hier nicht vertrauen.

Wenn Sie Ernährungsberater werden wollen, geben Sie einen Schnupperworkshop in Ihrem Sportverein, in der Apotheke

Ihrer Freundin oder im Bioladen an der Ecke. Mit ein bisschen Glück treffen Sie dort jemanden, der Unterstützung für ein betriebliches Gesundheitsprogramm sucht. Sie können auch an der Schule Ihres Sohnes einen Fitnesstag ins Leben rufen, auf dem es neben Sport und Entspannungsübungen auch einen Ernährungsworkshop gibt. Möglicherweise stellen Sie dabei fest, dass Kinder dick sind, weil sie psychische Probleme haben, und nicht, weil sie falsch essen. Das könnte den Gedanken nach sich ziehen, dass Psychotherapeut der bessere Beruf ist, vielleicht mit Spezialisierung auf Essstörungen. Oder Sie stellen fest, dass Ernährungsberatung erst lukrativ wird, wenn Sie Kräuternahrung dazu verkaufen.

Für zukünftige PR-Berater empfiehlt es sich, zunächst eine Kampagne für den eigenen Kirchenchor, einen befreundeten Künstler oder einen Bekannten, der sich gerade selbstständig macht, zu entwickeln: Webseiten bauen, YouTube-Videos einstellen, Social Media bedienen, Presseverteiler aufbauen, Kampagnen lancieren. Wer Imker werden will, holt sich Bienen aufs Dach, stellt seinen ersten Honig her und verkauft ihn auf dem Markt. Ein Honigblog, Honigseminare oder das Testimonial eines Promis (der auch Bienen züchtet) können dazu passen. Fotografieren Sie ihn mit einem Ihrer Honiggläser in der Hand und schicken Sie das Foto an eine Zeitung.

Wenn Sie ein Café mit historischen bayerischen Rezepten aufmachen wollen, beliefern Sie zunächst das Café einer Freundin. Verkaufen Sie außerdem auf dem Wochenmarkt Bayerische Creme. Wenn Sie Brauer werden wollen, machen Sie drei Brauereiführungen mit und besorgen Sie sich übers Internet ein Brauereiset für Anfänger. Züchten Sie Hopfen auf Ihrer Terrasse und veranstalten Sie einen Wettbewerb »Das beste selbst gebraute Bier«. Wenn Sie Kunsthandwerksfotografin werden wollen, entwickeln Sie eine iPad-Präsentation für die Kundenbesuche eines befreundeten Antiquitätenhändlers. Lassen Sie sich von ihm an Juweliere, Goldschmiede, Restauratoren und Kunstsammler weiterempfehlen.

Ein eigenes Projekt zum Berufseinstieg macht sie am Arbeitsmarkt sichtbar (*visible*). Vermutlich werden Sie erste Erfolgserlebnisse haben, die Ihnen Kraft für weitere Unternehmungen geben. Sollten Sie wider Erwarten nach diesem ersten Projekt der Meinung sein, dass Sie so etwas »nie wieder« machen, so analysieren Sie, woran es gelegen hat. Was haben Sie gelernt? Wie müssen Sie Ihre berufliche Idee weiterentwickeln?

Wenn Sie angestellt sind, gilt Folgendes: Das nebenberufliche Engagement sollte Ihre Leistung am Arbeitsplatz nicht beeinflussen. Sie sollten also keine Mitternachts-Stadtführungen anbieten, wenn Sie am nächsten Morgen früh zur Arbeit müssen. Ansonsten steht es Ihnen grundsätzlich frei, nach eigenem Gutdünken über Ihre Wochenenden, Feierabende oder Ihren Urlaub zu verfügen. Einschränkungen gelten für Beamte, die auch ein ehrenamtliches Engagement anmelden müssen. Im Zweifelsfall geben Beamtenbund, Behördenleiter oder Gewerkschaft Auskunft.

Weitere Möglichkeiten, einen Fuß in die Tür zu bekommen

Weitere Möglichkeiten, die ersten Gehversuche auf einem neuen Gebiet zu machen, sind Praktika, Aushilfstätigkeiten oder Messejobs: Wenn Sie Wäschedesignerin werden wollen, arbeiten Sie auf drei Messen für drei große Labels. Dort lernen Sie innerhalb weniger Tage viel über das Unternehmen. Und das Unternehmen lernt viel über Sie: wie Sie mit Kunden umgehen, wie viel Sie über Wäschestoffe wissen, wie begeistert Sie vom Produkt sind und wie gut Sie im Team zurechtkommen.

Um sich Ihrem zukünftigen Arbeitgeber zu empfehlen, lohnen sich auch Ehrenämter, Freiwilligeneinsätze, Assistenzen, freie Mitarbeit oder was auch immer Ihnen einfällt. Bei der Bewerbung um einen solchen Praktikumsplatz oder eine freie Mitarbeit gehen Sie übrigens mit derselben Methode vor, die Sie hier kennen gelernt haben: Legen Sie fest, was genau Sie machen wollen. Stellen Sie eine Liste der Unternehmen zusammen, die dafür infrage kommen. Gehen Sie auf deren Internetseiten, lassen Sie sich die Unterlagen schicken, werten Sie die Informationen aus und bewerben Sie sich erst dann. Betrachten Sie die Bewerbung um ein Praktikum als ein gutes Training auf dem Weg zu Ihrem Ziel.

Zum Schluss dieses Kapitels lesen Sie die Geschichte von einem, der auszog, seinen Arbeitsplatz selbst zu schaffen. Sie stammt im Gegensatz zu den anderen Beispielen dieses Buchs nicht aus meinen Seminaren. Sie zeigt aber sehr schön, wie viel man mit einer guten Idee erreichen kann.

Wachschutz und Taekwondo
Die Betreiber des Hamburger Einkaufszentrums Jenfeld hatten einen Sicherheitstrupp mit der Rund-um-die-Uhr-Bewachung der Anlage beauftragt. Der Leiter des Sicherheitsdienstes, Fahim Yusufzai, konnte sich jedoch noch andere berufliche Ziele vorstellen, als nachts am Einkaufszentrum Wache zu schieben. Sein Arbeitsalltag brachte ihn auf eine Idee.

Das Einkaufszentrum liegt in einem Stadtteil, der immer wieder in die Schlagzeilen gerät wegen Jugendlicher, die einbrechen, Autoreifen zerstechen und randalieren. Yusufzai war überzeugt, dass man diesen Jugendlichen die Möglichkeit geben müsse, sich mit sinnvollen Dingen zu beschäftigen und dabei Toleranz, Fairness und Respekt füreinander zu lernen. Da der ausgebildete Immobilienkaufmann einen Trainerschein im koreanischen Kampfsport Taekwondo besitzt, bot er dem Einkaufszentrum ein Projekt »Sport gegen Gewalt« an. Dort unterrichtete der Schwarzgurtträger später etwa 80 Nachwuchssportler zwischen sieben und 25 Jahren darin, ihre Energie verantwortungsbewusst einzusetzen. Kriminell gewordene Jugendliche wurden vor die Alternative gestellt: Sport oder Polizei?

Durch die Idee und den Einsatz des Hamburger Wachschützers schmolzen die Vandalismusschäden des Einkaufszentrums von etwa 50 000 Euro jährlich auf fast null. Dadurch war die Geschäftsleitung des Einkaufszentrums gern bereit, Raum und Ausstattung zur Verfügung zu stellen und das Projekt finanziell zu fördern. Einige Mieter des Einkaufszentrums schlossen sich an, später kamen weitere Sponsoren und öffentliche Gelder dazu.

Zusätzlich konnte der ehemalige Wachschützer den Boxweltmeister im Halbschwergewicht Dariusz Michalczewski für eine Zusammenarbeit gewinnen. Dieser hatte in seiner Jugend eine ähnliche Förderung erfahren und war daher leicht zu überzeugen. Auch Weltmeister Juan Carlos Gómez und die Klitschko-Brüder haben schon bei Yusufzai und seinen Jugendlichen vorbeigeschaut.

Zusammenfassung *Ob ein eigenes Projekt oder ein Praktikum, ob ein freiwilliges Engagement oder eine Aushilfstätigkeit, wie auch immer Sie Ihre ersten Schritte gestalten – entscheidend ist, dass Sie einen Fuß in die Tür bekommen. Sammeln Sie erste Arbeitserfahrungen gegebenenfalls neben Ihrer beruflichen Tätigkeit oder neben Ihrem Studium. Wenn Sie noch zur Schule gehen, machen Sie auf dem von Ihnen angestrebten Gebiet ein Schülerpraktikum. Auch Arbeitslose können eigene Projekte ins Leben rufen, sich ehrenamtlich engagieren und nach Absprache mit ihrem Sachbearbeiter bei der Agentur für Arbeit Praktika machen. Lernen Sie Ihren zukünftigen*

Beruf in kleinen Schritten kennen und zeigen Sie auf diese Weise,
dass Sie durchaus in der Lage sind, sich einen Brancheneinstieg zu
erarbeiten.

Mit allem, was Sie bisher in Ihrem Workshop Individuelle Berufsfindung *gelernt haben, wenden Sie sich nun der Kontaktaufnahme*
mit Ihrem hoffentlich zukünftigen Arbeitgeber zu.

Schritt 10: Sprechen Sie Ihren Wunsch-arbeitgeber an

Das ist der Moment, auf den Sie in Ihrem persönlichen Work-shop hingearbeitet haben. Bevor Sie den entscheidenden Schritt tun und Ihren Traumarbeitgeber kontaktieren, hier noch ein-mal das bisher Erarbeitete zusammengefasst:

1. In der Berufsfindung funktioniert nichts, wenn Sie Ihre Fä-higkeiten nicht kennen und benennen können. Sie sind der Ausgangspunkt Ihrer Überlegungen. Außerdem werden Sie Ihrem potenziellen Arbeitgeber vermitteln müssen, warum er ausgerechnet Sie einstellen soll. Eine Anleitung dazu fin-den Sie in Schritt 1 des Workshops.

2. Suchen Sie sich nicht irgendein Berufsfeld, das Ihnen gerade aussichtsreich erscheint. Wenn Sie in einem Bereich nicht gern arbeiten wollen, werden Sie dort nicht viel erreichen. Und selbst wenn: Wollen Sie jeden Tag frustriert zur Arbeit gehen? Finden Sie stattdessen heraus, was Ihnen Spaß macht und was Sie morgens aus dem Bett treibt, auch wenn Sie eigentlich hundemüde sind. Beruflich erfolgreich wird, wer mit Begeisterung bei der Sache ist. Dazu gehört auch eine Spezialisierung, die zu Ihnen und Ihren Wünschen passt.

Diese einzelnen Elemente Ihres beruflichen Ziels haben Sie in den Schritten 2 bis 5 entwickelt.

3. Stellen Sie eine Liste mit sämtlichen Orten zusammen, an denen eine solche Tätigkeit gebraucht wird oder gebraucht werden könnte: Unternehmen, Parteien, Projekte, Redaktionen, Agenturen, Institute und so weiter. Sammeln Sie dazu Adressen, checken Sie Wikipedia, fahren Sie hin, nehmen Sie an Veranstaltungen teil, besuchen Sie Homepages, lassen Sie sich Unterlagen schicken und folgen Sie der Chefin auf Twitter. Wählen Sie die attraktivsten Organisationen aus und sammeln Sie über diese Traumarbeitgeber alle verfügbaren Informationen. Näheres dazu haben Sie in den Schritten 6 bis 8 gelesen.

4. Machen Sie Ihre ersten Erfahrungen mit einem eigenen Projekt oder arbeiten Sie dort, wo es Strukturen von ehrenamtlicher Arbeit gibt. Assistieren Sie oder machen Sie ein Praktikum, aber bitte nicht irgendeins und auch nicht eins, um sich auszuprobieren. Praktika sind dafür da, etwas zu erreichen, und nicht, um zu spielen. Suchen Sie nach »ganz einfachen« Möglichkeiten, erste Berufs- und Branchenerfahrungen zu sammeln. Auf diese Weise können Sie sich auch während einer Berufstätigkeit oder während eines Studiums Ihr neues Feld erarbeiten. In Schritt 9 haben Sie gesehen, wie andere vor Ihnen die ersten Gehversuche Richtung Traumberuf gemacht haben.

Wenn Sie alle Schritte bis hierhin erledigt haben, sind Sie nun bestens auf das entscheidende Telefonat, die entscheidende E-Mail oder das entscheidende Treffen vorbereitet. Ihr Ziel ist jetzt, dass Ihr Gegenüber Ihnen zuhört oder Ihre Mail aufmerksam liest und sich für das interessiert, was Sie zu sagen haben.

Folgende Situationen sind denkbar: Sie haben auf der Internetseite Ihres Traumunternehmens eine Stellenanzeige gefunden, auf die Sie sich bewerben möchten. Oder Sie möchten sich initiativ bewerben. Oder Sie haben auf einer Konferenz die E-Mail-Adresse Ihrer Zielperson ergattert und möchten jetzt Kontakt aufnehmen. Oder Sie haben von einem Projekt gelesen, alles recherchiert und möchten sich dort ins Gespräch bringen.

Versetzen Sie sich vorab in die Situation des anderen: Stellen Sie sich vor, Sie sitzen wie immer unter Zeitdruck an Ihrem Schreibtisch, zum Beispiel in einem Redaktionsbüro oder bei einem Modelabel. Dort schreiben Sie gerade einen Artikel über die Cheops-Pyramide oder sehen 200 Stoffmuster durch. Das Telefon klingelt. Sie gehen dran. Vermutlich werden Sie innerhalb der ersten 60 Sekunden entscheiden, ob Sie gewillt sind, dem Anrufer zuzuhören. Was würde Sie aufhorchen lassen? Welche Sätze würden Sie willig machen?

Für die erste Kontaktaufnahme per E-Mail gilt dasselbe: Schreiben Sie bloß nicht »Mit Interesse habe ich Ihre Stellenanzeige gelesen« oder »Ich bin Sachbearbeiterin bei einer Versicherung, möchte aber gern etwas anderes machen« – das ist für Ihr Gegenüber keine sonderlich interessante Information und zeigt auch nicht, dass Sie sich vorbereitet haben. Machen Sie es lieber so, wie hier gelernt: Spielen Sie im ersten Satz entweder den Trumpf »Ich soll Sie herzlich grüßen von ...« oder beziehen Sie sich auf etwas, das Ihr Gegenüber gesagt oder getan hat. Zum Beispiel: »Sehr geehrte Frau Fischer, vielen Dank für Ihren Vortrag, den ich gestern auf dem XY-Symposion gehört habe ...« oder »Lieber Herr Schmitz, gerade habe ich Ihr neues Buch gelesen ...«

Ist der Einstieg geschafft, kommen Sie zum zweiten Teil: Nennen Sie die zwei oder drei wichtigsten Gründe, die für Sie sprechen. Warum sollte der andere Ihnen zuhören? Warum sollte er Ihre Mail überhaupt zu Ende lesen? Zum Beispiel: »Ich bin Apotheker und habe bereits einige Duftseminare absolviert, darunter bei A und B.« Oder: »Ich habe mein letztes Praktikum im Qualitätsmanagement der Schlosskelterei X gemacht. Ab

1. Oktober studiere ich Weinbau.« Oder:»Ich bin Fahrradmechaniker und verkaufe übers Internet Sonderanfertigungen von Mountainbikes.«

Fragen Sie, ob Sie sich bewerben können, oder schicken Sie gleich einen Lebenslauf mit. Je nachdem, hängen Sie Fotos oder Filme von Ihren Projekten an. Vereinbaren Sie einen Termin für ein Kennenlernen oder ein Treffen auf einer Messe. Verweisen Sie auf Ihre Homepage und Ihr Blog. Bieten Sie an, alles persönlich vorbeizubringen. Das kostet natürlich viel Einsatzbereitschaft und Zeit. Doch genau das ist Ihre Chance, sich von anderen abzuheben.

Der traditionelle Stellenmarkt ist »Neandertal«

Die meisten Jobs – und erst recht die meisten interessanten Jobs – werden nicht über den traditionellen Stellenmarkt vergeben, auch nicht über Internetportale. Das alte Ritual »Stellenanzeige aufgeben, Bewerbungen sichten, Vorstellungsgespräche führen« ist oft gar nicht praktikabel, sondern viel zu aufwändig. Und es führt nicht einmal sicher zum gewünschten Ergebnis, also zu guten Bewerbern. Die Vorstellung, über Stellenangebote einen Job zu finden, nennt der amerikanische Berufsberater Richard Bolles daher »Neandertal«.[8]

Versetzen Sie sich noch einmal in die Rolle eines Chefs oder einer Chefin, zum Beispiel von einem Musiklabel. Der Laden läuft gut, und Sie suchen nun einen Assistenten, der Sie bei der täglichen Arbeit unterstützt und Sie während Ihrer häufigen Reisen vertritt. Wie würden Sie vorgehen? Wo könnten Sie einen geeigneten Kandidaten, eine Kandidatin finden?

Wenn Sie eine Anzeige aufgeben, in der Sie einen Nachwuchsmusikmanager suchen, werden sich 100 Bewerber und Bewerberinnen melden. Allein die Auswahl und die Vorgespräche kosten Zeit, die Sie nicht haben, denn sonst bräuchten Sie keinen Assistenten. Wenn Sie die falsche Kandidatin auswählen, haben Sie ein Problem: Sie werden viel Zeit und Nerven investieren, die Ihnen dann für andere Projekte fehlen. Sie verlieren vielleicht Kunden oder ruinieren vorübergehend Ihren Ruf.

Daher geht man davon aus, dass etwa zwei Drittel aller Stellen aus gutem Grund nicht ausgeschrieben werden. Man vergibt Arbeit lieber an Leute, deren Arbeitsweise man kennt oder die einem zumindest empfohlen wurden. Ein alter Personalerspruch lautet: »Die besten Leute finde ich, indem ich meine guten Leute frage, ob Sie jemanden kennen, der zu uns passt.« Auch Sie würden vermutlich so vorgehen: Sie würden unter Ihren ehemaligen Praktikanten suchen oder sich bei Ihren früheren Kommilitonen erkundigen, ob nicht jemand jemanden empfehlen kann.

Das heißt für Sie: Wenn Sie sich nur im Internet nach Stellenangeboten umschauen, dann ist das definitiv zu wenig. Gehen Sie lieber so vor, wie hier beschrieben, auch wenn es aufwändig erscheint. Sollte dann noch Zeit übrig bleiben, dürfen Sie auch Anzeigen und Stellenportale durchforsten. Schreiben Sie nicht wahnsinnig viele Bewerbungen, sondern lieber einige wenige, die dafür ganz besonders gut vorbereitet sind.

Und vielleicht noch ein Hinweis: Manchen fällt es leichter, zu Trainingszwecken zunächst einmal Unternehmen oder Personen anzufunken, bei denen Sie am wenigsten arbeiten wollen. Dort sind Sie gelassener und souveräner. Sie lernen, welche Fragen kommen und bei welchen Sie sich noch eine bessere Antwort zurechtlegen müssen. Danach fühlen Sie sich sicherer und sind auf das wichtigste Gespräch mit Ihrem Lieblingsarbeitgeber vorbereitet.

Auch die beste Vorbereitung ist natürlich keine Garantie für Erfolg. Wenn Sie jedoch so vorgehen, wie in diesem Buch beschrieben, dann haben Sie Ihre Chancen bereits um ein Vielfaches erhöht.

In vielen Fällen wird es nicht nötig sein, diesen letzten Schritt der persönlichen Kontaktaufnahme zu gehen. Schließlich werden Sie durch Ihre Recherchen und Ihr Projekt bereits mit Arbeit- und Auftraggebern in Kontakt gekommen sein. Im besten Fall – und der tritt gar nicht so selten ein – werden andere von sich aus den Kontakt suchen. Denken Sie daran: Wenn Sie Begeisterung für Ihre Sache verbreiten, wird es für andere schwer, sich dem zu entziehen.

Anschreiben und Lebenslauf

Als ich 1996 mit Berufsfindung angefangen habe, gab es vielleicht 20 Bewerbungsratgeber. Inzwischen sind es gefühlte 2 000. Dabei sind die Ratgeberseiten im Internet und die Tipps in den Wochenmagazinen und Beilagen nicht einmal mitgerechnet. Deswegen spielten in all den Jahren Hinweise zu Anschreiben und Lebenslauf in diesem Buch keine Rolle. In der Berufsfindung geht es um Selbstreflexion und Entscheidung, und nicht um »1 000 tolle Tipps für Ihre Bewerbung«.

Allerdings ist die Qualität der Bewerbungen durch die ganzen Ratgeber nicht besser geworden. Im Gegenteil: Ich sehe fast jeden Tag Bewerbungen und denke an das, was mir ein Personaler vor vielen Jahren einmal gesagt hat: »Wer unvorbereitet auf einen Stapel Bewerbungen losgelassen wird, kann den Glauben an die Menschheit verlieren.«

Die wirklichen Gründe für die miese Qualität sind unklar: Manche sabotieren sich selbst, manche laufen schlicht vor dem Erfolg davon, manche machen sich keine Gedanken, wieder andere lassen sich den Lebenslauf von ihrer Ehefrau (oder gar von ihrer Mutter) schreiben. Alles schon passiert. Deswegen gibt es sie hier nun doch noch, kurz und knapp: die wichtigsten Hinweise für Ihre Bewerbung.

Ihre Bewerbung besteht in der Druckversion aus einem Anschreiben und einem Lebenslauf mit Foto. Ob Sie Zeugnisse beilegen, hängt davon ab, ob Sie etwas Aussagekräftiges zu bieten haben. Wenn Sie Biobäuerin werden wollen, ist Ihr Zeugnis vom Sozialpädagogikstudium oder vom Praktikum im Kinderheim nicht interessant. Lassen Sie es weg. Insgesamt hat die Bedeutung von Zeugnissen sowieso abgenommen, weil viele selbst geschrieben sind und Personaler das wissen. Wenn Sie unbedingt wollen, können Sie in einem Anschreiben anbieten, Zeugnisse vorzulegen:»Bei Interesse bringe ich zu einem persönlichen Gespräch auch gern Zeugnisse mit.«

Die elektronische Variante der Bewerbung besteht aus einem Anschreiben im Textfeld der E-Mail und einer angehängten Datei mit Lebenslauf und Foto. Apropos Foto: Das Foto zeigt nicht nur, ob Sie Mann oder Frau sind und ob Sie eine Brille tragen oder nicht. Das Foto muss zwingend sein, Ausstrahlung haben und neugierig machen. Der Betrachter oder die Betrachterin muss gleich denken:»Toll, ich glaub, der isses!« Schwarz-Weiß oder Farbe bleibt Ihnen überlassen. Wenn Sie es perfekt machen wollen, gehen Sie erst zur Farbberatung und dann zu einer sehr guten Fotografin. Überlegen Sie, wie das Foto möglicherweise Ihr Anliegen stützen könnte: Eine zukünftige Schneiderin könnte sich möglicherweise auch an einem Schnitttisch fotografieren lassen, ein Bauleiter auf einer Baustelle, ein Trucker an einer Tankstelle oder Ähnliches. Die Fotos müssen natürlich trotzdem von einem professionellen Fotografen gemacht werden und sind weder Schnappschüsse noch Freizeitaufnahmen.

Der Lebenslauf beginnt mit den persönlichen Angaben: Name, Adresse, Telefon und E-Mail, Geburtsdatum und -ort.

Dabei schreiben Sie bitte nicht »Name: Uta Glaubitz«, denn man sieht dem Namen an, dass es ein Name ist, und Ihrer E-Mail-Adresse, dass sie eine E-Mail-Adresse ist. Danach listet der Lebenslauf das Wichtigste, dann das Zweitwichtigste, dann das Drittwichtigste auf. Und zwar immer gedacht als »Das wichtigste Argument, das mich für diesen Job qualifiziert«.

Wenn Sie sich also als Reiseleiterin bewerben, fangen Sie mit Ihren Auslandsaufenthalten und Fremdsprachenkenntnissen an und nicht mit Ihrer Ausbildung zur Bürokauffrau, Ihrem abgebrochenen Studium oder gar mit Ihrer Grundschule. Wenn Sie Koch werden wollen, beginnen Sie (nach den persönlichen Daten) mit Ihren Kochkursen und damit, dass Sie zu Studienzeiten Aushilfskoch in der Mensa waren. Lassen Sie dafür Ihr Praktikum beim Steuerberater und Ihr Zeugnis aus dem Portugiesischkurs weg.

Fremdsprachen, Computerkenntnisse, Ehrenämter, Hobbys und Interessen, die keinen unmittelbaren Bezug zu dem avisierten Job haben, kommen an den Schluss des Lebenslaufs unter die Überschrift *Sonstiges*. Noch mal das Beispiel der Bürokauffrau, die Reiseleiterin werden will: Wenn ihre Hobbys Geocaching und Archäologie sind, dann gehören sie nicht unter *Sonstiges*, sondern weiter nach oben. Dasselbe gilt für Erfahrungen als Leiterin von Jugendferien mit dem Sportverein oder der Kirchengemeinde. Dagegen gehören Hobbys wie Münzen sammeln und Krimis lesen im Lebenslauf einer zukünftigen Reiseleiterin (wenn überhaupt) unter *Sonstiges*.

Wenn Sie Controllerin sind und Schneiderin werden wollen, dann gehören das Hobby Modeschmuck herstellen und ein Kurs in Modefotografie zu Ihren Qualifikationen, also im Lebenslauf nach oben. Ihren Abschluss als Handelsfachwirt dagegen können Sie unter *Sonstiges* listen. Oder Sie lassen ihn weg. Ein Lebenslauf ist keine Beichte, sondern eine Dokumentation dessen, was man für den angestrebten Job mitbringt.

Ganz rauslassen können Sie alle Angaben zu Schulbesuchen und -abschlüssen außer dem letzten. Wobei auch der sich oft erübrigt: Wenn Sie Medizin oder Jura studiert haben, werden Sie vermutlich Abitur haben. Eltern, Geschwister, Familienstand, Kinderzahl, Religion – all das gehört überhaupt nicht in den Lebenslauf, da es Sie nicht für irgendetwas qualifiziert. Mit Ausnahme vielleicht, wenn Sie sich als Pastorin, Erzieherin oder Familientherapeutin bewerben. Auch die Nationalität geben Sie nur an, wenn daran irgendetwas unklar ist oder es Sie besonders für den angestrebten Job qualifiziert (wenn Sie sich etwa bei einer internationalen Organisation bewerben und eine doppelte Staatsbürgerschaft besitzen).

Konservativ endet der Lebenslauf mit Ort, Datum, Unterschrift, quasi als Versicherung, dass alle Angaben zu diesem Zeitpunkt stimmen. Moderner reichen Ort und Datum, oder Sie wiederholen bei angehängten Dateien noch mal Ihren Namen mit Tastaturbuchstaben: *Rostock, 25. Mai 2017 Maria Ungeduld.* Ganz modern lassen Sie die Datierung weg, denn dass Sie eine aktuelle Fassung senden, ist eigentlich selbstverständlich. Ihr Lebenslauf endet dann mit Hobbys und Interessen beziehungsweise mit den Angaben, die für Ihr Vorhaben am wenigsten wichtig sind.

Das Anschreiben folgt demselben Muster: Die Anrede sollte sich an eine Person wenden, nur im Notfall an »Sehr geehrte Damen und Herren«. Beginnen Sie gegebenenfalls mit dem Dank für ein Gespräch oder für das Angebot, Ihren Lebenslauf zu schicken. Dann spielen Sie das wichtigste Argument, das für Sie spricht, das zweitwichtigste, das drittwichtigste. Danach kommt, dass Sie in einem persönlichen Gespräch gern mehr über sich berichten und sich auf eine Einladung freuen. Abschlussformel, bei Print handschriftliche Unterschrift mit blauer Tinte oder Filzstift (per E-Mail reichen die Tastaturbuchstaben).

Lassen Sie alle Selbstdeklarationen und Soft Skills weg. Ein Satz wie »Ich bin motiviert, zielorientiert, kommunikationsfähig, flexibel und zuverlässig« hat einen Aussagewert von null. Erstens ist das meiste davon selbstverständlich, denn niemand hält sich für unmotiviert und unzuverlässig. Zweitens klingt es eher nach einem völlig unreflektierten Selbstbild. Drittens nach einem Bewerbungsratgeber aus den 90er Jahren des vergangenen Jahrhunderts. Wäre ich Personalerin, würde ich so eine Selbstdeklaration als Beleidigung meiner Intelligenz lesen.

Sparen Sie sich ebenfalls Erklärungen für abgebrochene Studien, schlechte Noten oder versäbelte Selbstständigkeiten. Wenn der Studienabschluss nicht angegeben ist, haben Sie keinen, das reicht. Mit jeder Erklärung im Lebenslauf provozieren Sie nur unnötige Fragezeichen. Die alte Weisheit *Wer sich rechtfertigt, klagt sich an* (»Qui s'excuse, s'accuse« oder »dum excusare credis, accusas«) gilt nirgendwo so stark wie in der Bewerbung. Stellen Sie also in den Vordergrund, was Sie qualifiziert und was für Sie spricht. Und leeren Sie nicht den Bottich Ihres Lebens vor dem Personaler aus.

Sparen Sie sich aufwändige Mappen, Titelblätter, Dritte Seiten, Inhaltsverzeichnisse oder irgendwelche Zitate. Das bläht Ihren Auftritt nur unnötig auf. Der einzige Schmuck ist Ihr überzeugendes Foto und eventuell Fotos von Ihrem ersten Projekt. Das Layout dazu sollte klar und schnörkellos sein. Nach einer Minute Überfliegen sollte man bereits eine Vorstellung davon haben, mit wem man es zu tun hat. Und ob derjenige, der sich hier bewirbt, etwas kann, was andere nicht können. In der äußeren Aufmachung ist Ihre Bewerbung eher Bauhaus als Barock.

Zusammenfassung *Mit allen Informationen, einem persönlichen Kontakt und/oder dem Bezug auf etwas, das Ihr Gegenüber gesagt oder getan hat, gehen Sie auf Ihren Traumarbeitgeber zu. Wer das* ist (und warum), haben Sie durch systematische Recherche und Auswertung der Informationen herausgefunden. Dabei müssen Sie eine klare Auskunft darüber geben können, warum Sie ausgerechnet bei diesem Unternehmen oder Projekt anrufen und was Sie dort anzubieten haben. Schreiben Sie Bewerbungen, die eine wirklich bestechende erste Arbeitsprobe sind. Dann können Sie sich jegliche Selbstanpreisung sparen. Denn Sie dokumentieren ja Ihre Skills, indem Sie eine überdurchschnittlich vernünftige Bewerbung schicken. Lassen Sie bei Problemen nicht den Kopf hängen, sondern zeigen Sie, was Sie draufhaben.

Nicht für jedes berufliche Projekt lassen sich die Schritte des Workshops mit derselben Stringenz durchführen. Nehmen Sie dieses Buch daher als Wegweiser für Ihren ganz individuellen Kurs. Kleben Sie nicht an einzelnen Details, sondern nutzen Sie die aufgezeigten Lösungsmöglichkeiten als Inspiration.

Teil III
Zusätzliches Wissen

Wie Sie sich als Experte profilieren

Wenn Sie Ärztin oder Ingenieur für Elektrotechnik werden wollen, studieren Sie Medizin oder Elektrotechnik. Dann haben Sie eine sehr gute Qualifikation und später kein Problem, eine Stelle zu finden. Wenn Sie aber andere berufliche Pläne haben, wird eine Qualifikation oder ein Abschluss allein womöglich nicht reichen. Wenn Sie beispielsweise Biografien für andere schreiben oder handgenähte Joggingschuhe herstellen wollen oder wenn Sie als Heilpraktikerin eine neue Therapie für Essstörungen entwickelt haben, dann müssen Sie der Welt erst einmal mitteilen, dass Sie da sind.

Anders gesagt: Sie müssen sich einen Namen machen und sich als Experte profilieren. Ihre zukünftigen Kunden oder potenziellen Arbeitgeber müssen erfahren, was Sie zu bieten haben oder dass Sie zu einer Sache mehr zu sagen haben als andere. Das gilt vor allem für neue Ideen, also für Berufe, die es noch nicht oder in dieser Form noch nicht gibt. Und es gilt oft für Ideen, die man alleine umsetzt, in denen es also auch um die Vermarktung der eigenen Person geht.

Naturgemäß ist es am Anfang einer Karriere schwierig, sich als Experte am Markt zu präsentieren. Es gibt auch nicht *den einen Weg*, wie man es vom Berufsanfänger bis zum gefragten Talkshowgast bringt. Folgende Überlegungen sollen Sie zu ersten Schritten anregen.

Naheliegend und einfach ist eine eigene Website, auf der Sie Ihr Wissen der Öffentlichkeit vorstellen. Die Website sollte Informationen präsentieren und nicht zu werblich sein. Denn sonst sieht es nicht nach Experte, sondern nach »Laden« aus. Achten Sie darauf, dass Ihre Gestaltung nicht wirkt wie tausend andere Websites auch. Sie wollen der beste Experte sein oder zumindest werden? Das sollte man Ihrem Auftritt auch ansehen. Wie man bei Google auf ein günstiges Ranking kommt, wissen Experten, in diesem Fall Suchmaschinenoptimierungsexperten. Sie müssen am Arbeitsmarkt sichtbar werden – Ihre Internetseite muss im Internet sichtbar werden.

Wenn Sie Ihre ersten beruflichen Gehversuche mit einem eigenen Projekt machen wollen (siehe Schritt 9 des Workshops), dann können Sie möglicherweise einen Lokalredakteur dafür begeistern. Organisieren Sie also einen Charitylauf für und mit Behinderten mit Ihren sonderangefertigten Joggingschuhen und gewinnen Sie einen Promi als Schirmherrn. Überhaupt interessieren sich Journalisten immer für »neue Geschichten«. Wenn über eine alternative Konferenzform namens Open Space oder über Anti-Nikotin-Kurse oder über Speed-Dating bereits zehn Artikel erschienen sind, ist es für die Medien nicht mehr so interessant.

Lesen Sie also regelmäßig Publikationen, in denen irgendwann auch über Sie berichtet werden soll. Finden Sie heraus, wer dort schreibt, welche Themen schon gelaufen sind und wie die Themen präsentiert werden. Wenn Sie dem Redakteur ein Thema anbieten, brauchen Sie nicht nur etwas Neues, Interessantes, Besonderes. Sie sollten auch ein paar Zahlen bereithalten: Wie viele Leute sind betroffen, wie viel Geld könnte man einsparen, wie viel Geld wird für das Falsche ausgegeben? Die Zahlen zeigen, wie wichtig Ihr Thema ist.

Neben Tageszeitungen kommen je nach Thema auch Fach- und Frauenzeitschriften, Lifestylemagazine, Anzeigenblätter oder Kundenzeitungen infrage. Erwarten Sie nicht, dass gleich eine überregionale Tageszeitung über Sie berichtet. Normalerweise fängt man klein an und arbeitet sich dann langsam nach oben. Vielleicht liest ein Verein oder eine Initiative von Ihnen und lädt Sie zur Podiumsdiskussion. Ihre Aktivitäten und die Berichterstattung darüber können Sie dann wieder auf Ihrer Website dokumentieren.

Wenn Sie genug zu Ihrem Thema zu erzählen haben, schreiben Sie ein Buch. Trotz aller neuen Medien ist das Buch immer noch der beste Weg, sich als Experte zu profilieren. Denn wenn eine Talkshow Sie zum Thema Hundeflüstern oder Gehirnjogging einlädt, kann die Moderatorin Sie vorstellen als »Autor von ...«

Um über ein eigenes Buchprojekt nachzudenken, lesen Sie zunächst so viele Bücher aus dem von Ihnen angepeilten Bereich wie möglich. Ein Verlag wird Sie als Erstes nach einer Konkurrenzanalyse fragen. Außerdem sehen Sie so, welche Herangehensweise ans Thema auf dem Markt noch fehlt und welche Verlage sich für Ihr Buchprojekt interessieren könnten.

Informieren Sie sich im Internet und in Buchhandlungen über die verschiedenen Verlage und ihre thematischen Schwerpunkte. So stellen Sie sicher, dass Ihr Thema auch für den Verlag relevant ist. Auf der Homepage der Verlage finden Sie in der Regel auch Voraussetzungen für Manuskripteinsendungen, die von Verlag zu Verlag variieren. Wenn Sie einen ersten Kontakt hergestellt haben, bemühen Sie sich um einen Termin auf der Buchmesse (die Messen haben den Vorteil, dass man an einem Tag vier Termine bei vier Verlagen machen kann).

Prinzipiell können Sie auch einen Literaturagenten einschalten. Der bekommt zwar einen Teil Ihres Honorars (in der Regel 15 Prozent), dafür kann er besser mit den Verlagen verhandeln. Möglicherweise arbeitet er noch mit Ihnen am Konzept, wofür im Verlagsalltag manchmal nicht genug Zeit ist. Sollten zwei

Verlage interessiert sein, kann der Agent die Vor- und Nachteile der Angebote besser einschätzen. Naturgemäß ist das aber von Literaturagent zu Literaturagent, von Lektor zu Lektor und von Verlag zu Verlag verschieden.

Um eine Expertenkarriere zu beginnen, können Sie auch an der Volkshochschule unterrichten. Wenn Sie neue Lernmethoden für ADS/ADHS, Hochbegabte oder Erwachsene mit Lese-/Rechtschreibschwäche entwickelt haben, können Sie sich dort ausprobieren. Nach drei Kursen sind Sie viel weiter als vorher. Wenn Ihre Teilnehmer einverstanden sind, machen Sie Fotos oder drehen Sie einen Film über den Kurs. Wenn Sie drei gute Geschichten über Ihre Teilnehmer gesammelt haben, präsentieren Sie sie auf Ihrer Website und mailen sie einem Redakteur. Wenn Sie gleich Fotos von Ihren Probanden anhängen können, umso besser.

Alles, was mit Fernsehen zu tun hat, verbreitet Ihre Idee und Ihren Namen weiter. Zum Beispiel: Bärbel hatte sich dafür entschieden, als Ghostwriterin Autobiografien zu schreiben, zum Beispiel für Mittelstandsunternehmer, die ihre Lebensgeschichte zu Weihnachten an Mitarbeiter und Familie verteilen möchten. Um die Öffentlichkeit darüber zu informieren, ging sie in eine Quizsendung und stellte sich dort mit ihrem Job vor. Sie hatte zwar nur zwei Minuten Zeit, aber die Zuschauer konnten sie danach über Google finden. Sie bekam drei weitere Aufträge, mit denen sie später das Interesse einer Redakteurin für ihre Dienstleistung wecken konnte.

Voraussetzung für diese Aktionen ist, dass Sie sich für *ein* Thema entschieden haben. Sie können nicht gleichzeitig Experte werden wollen und sich alle Optionen offenhalten. Sie müssen etwas können, was andere nicht können. Sie müssen etwas wissen, was andere nicht wissen. Sie müssen sich von allen anderen unterscheiden und – vor allem am Anfang Ihrer Karriere – der Welt mitteilen, was Sie anzubieten haben. Nutzen Sie dazu alle Kanäle, die Ihnen einfallen.

Zum Schluss noch die Geschichte eines Sprachlehrers, der es nicht nur zum Experten, sondern zum Star geschafft hat: Der Brandenburger Uwe Kind entwickelte als Deutschlehrer in den USA eine Methode, wie Schüler und Schülerinnen singend Deutsch lernen – und zwar mit Volksmusik. Um seine Idee bekannt zu machen, rief er beim Late-Night-Talker David Letterman an und erklärte, dass er seinem Publikum in zwei Minuten beibringen könne, wie man ein Bier und ein Schnitzel auf Deutsch bestellt. Die Idee gefiel dem Showmaster und brachte Deutschlehrer Kind in eine der populärsten Shows der Vereinigten Staaten. Danach drehte *NBC Special* einen Beitrag über seine Arbeit. Dort wurde auch gezeigt, wie er amerikanischen Bauarbeitern französischen Small Talk per Chanson beibrachte. Darauf folgten Besuche in den Shows von Johnny Carson und Alfred Biolek, später schickten Fernsehstationen aus aller Welt ihre Teams zu dem Experten für Fremdsprachenlernen mit Musik. Sein Liederbuch *Eine kleine Deutschmusik* wurde zu einer Fernsehserie in Tokio verarbeitet, und der WDR drehte *English Alive* für das deutsche Publikum (für einen ersten Eindruck der Sprachlernevents von Uwe Kind kann man auf YouTube gehen).

Wie Sie Kontakte pflegen

Kontakte (nicht Vetternwirtschaft, nicht Mauscheleien, sondern professionelle Kontakte) gehören in der Berufsfindung und im Karrierebauen zu Ihrem wichtigsten Kapital. Also müssen Sie Kontakte aufbauen und pflegen. Lassen Sie sich auf Fachmessen und Branchenveranstaltungen sehen. Evaluieren Sie danach, ob es sich gelohnt hat hinzufahren oder nicht. Wenn auf einer Veranstaltung nur Anfänger sind oder Leute, die selbst Kontakte suchen, dann gehen Sie nicht wieder hin. Zu viel auf Partys rumzustehen wirkt auch nicht gut.

Wer kommunikativ und umtriebig ist, hat beim Netzaufbauen einen natürlichen Vorteil. Für alle anderen gilt: Es gibt eigentlich keinen Beruf, in dem man es sich leisten kann, zurückhaltend zu sein. Denken Sie darüber nach, wie Sie Ihren Aktivitätslevel erhöhen und Ihr Kommunikationsverhalten schulen können. Für manche Berufe ist das wichtiger als die eigentliche Qualifikation.

Wenn Sie auf eine Veranstaltung gehen, sollten Sie etwas über die Teilnehmer wissen. Wer kommt, was macht er oder sie, worauf könnte man ihn oder sie ansprechen? Gehen Sie kurz auf seine Website, seinen Wikipediaeintrag oder schauen Sie, ob er kürzlich etwas veröffentlicht hat. So laufen Sie nicht Gefahr, bei der Eröffnungsfeier einer Galerie einem renommierten Kunstkritiker zu begegnen und zu fragen: »Und was machen

Sie so?« Wenn Sie auf den Clubmanager einer Bundesligamannschaft treffen, sollten Sie das letzte Spielergebnis, den Tabellenplatz und den Abstand zum Tabellenersten im Kopf haben.

Bei einem Kinderbuchautor sollten Sie sein erfolgreichstes Buch gelesen haben und wissen, in welche Sprachen seine Bücher übersetzt sind. Google weiß es eigentlich immer. Wenn Sie Ihr Gespräch beginnen können mit »Ich habe gesehen, dass Sie seit zehn Jahren der erste Schweizer Kinderbuchautor sind, der ins Englische übersetzt wurde…«, werden Sie bei Ihrem Gegenüber sicher einen Stein im Brett haben. Fragen Sie ihn, wie das gekommen ist, warum er glaubt, dass schweizerische Autoren sonst wenig übersetzt werden, was er vor dem Kinderbuchschreiben gemacht hat, was seine nächsten Pläne sind, wohin der Kinderbuchmarkt sich entwickeln wird und so weiter. Am besten sind Fragen, die Sie nicht genauso gut über Google beantworten können. Die meisten Leute erzählen gern von sich, wenn man sich ernsthaft für sie interessiert. Dazu gehört eben auch, dass man sich vorher schlaumacht. Beenden Sie Ihr Gespräch damit, dass Sie noch eine Rezension seines letzten Buchs auf Amazon schreiben werden. Denn das gibt Ihnen wieder einen Aufhänger fürs nächste Gespräch oder die nächste E-Mail.

Irgendwann mal jemanden getroffen zu haben reicht allerdings nicht. Bleiben Sie über Facebook oder Twitter in Kontakt. Schreiben Sie ab und zu eine persönliche E-Mail. Nicht ausgerechnet an Weihnachten, denn da gehen die Grüße leicht unter. Fahren Sie ruhig mal einen Umweg, um einen Kaffee oder ein Bier mit jemandem zu trinken. Kontakte sind dann etwas wert, wenn man sie langfristig pflegt. Sich erst dann an jemanden zu wenden, wenn man konkret etwas von ihm will, ist zwar möglich, aber strategisch nicht optimal.

Zur Pflege von Kontakten empfiehlt der amerikanische Berufsberater Richard Bolles Folgendes: Wann auch immer Sie mit jemandem Kontakt hatten, versenden Sie danach unverzüglich eine persönliche Dankesnotiz. Per SMS oder E-Mail, vielleicht sogar per Postkarte oder Fax, denn das macht heute kein Mensch mehr (und es fällt dadurch auf). Dabei kommt es nicht auf die Länge, sondern auf die persönliche Formulierung an. Zwei Sätze mit herzlichen Grüßen genügen. Dokumentieren Sie auf diese Weise, dass Sie es nicht einfach für selbstverständlich halten, dass andere Ihnen ihre Zeit widmen. Bolles hält die *Thank-you-Notes* für eines der wichtigsten Instrumente des Karrierebauens.[9]

Selbstbewusstsein

Wie Sie an verschiedenen Stellen dieses Buchs bereits ahnen konnten, spielt Selbstbewusstsein für viele Karrieren eine größere Rolle als die Qualifikation. Das gilt für manche Berufe weniger (Lehrerin für Mathematik und Physik, Anästhesist), für manche mehr (Talkshowmoderator, Verteidigungspolitiker). Das bedeutet für Sie: Tun Sie alles, was Ihrem Selbstbewusstsein hilft. Unterlassen Sie alles, was Ihr Selbstbewusstsein knickt. Diese Devise sollte Sie bis an Ihr Lebensende (oder jedenfalls bis an Ihr Karriereende) begleiten.

Ein erster Schritt dazu kann sein, sein Adressbuch durchzusehen nach Leuten, die einem guttun, und Leuten, die einen runterziehen. Unternehmen Sie mehr mit den einen, minimieren Sie den Kontakt zu den anderen. Einen konstanten Energieabfluss kann niemand sich leisten. Gewöhnen Sie es sich außerdem ab, sich ständig um andere zu kümmern. Wenn Sie jeden armen Menschen am Wegesrand einsammeln, dann haben Sie am Schluss keine Energie mehr für Ihr Projekt. Sie klappen zusammen, und es ist fraglich, ob das die Welt wirklich verbessert.

Vielen Leuten hilft eine Psychotherapie, um ihre Lerngeschichte zu reflektieren und Defizite auszugleichen. Wenn Sie beispielsweise bei jeder noch so kleinen Zurückweisung einen Tobsuchtsanfall kriegen, dann ist der Therapeut die richtige

Adresse für dieses Problem. Dasselbe gilt für Leute, die ihren depressiven Anteilen zu viel Raum im Leben geben und viel zu passiv sind. Oder für solche, die mit ihren Chefs ständig ihr Vaterproblem nachspielen. Auch wenn es keiner gerne hört: In manchen Fällen helfen auch Medikamente, was selbstverständlich nichts für Selbstversuche ist, sondern vom Arzt begleitet werden muss.

Manchmal hilft es, überhaupt erst einmal zu begreifen, dass es überwiegend an einem selbst liegt, wie viel Erfolg man hat. Und nicht an äußeren Umständen. In diesen Fällen reicht es, mit Improvisationstheater und Gesangsunterricht anzufangen. Absolvieren Sie zusätzlich einen Selbstverteidigungskurs und ein Schlagfertigkeitstraining. Danach machen Sie das, wovor Sie schon immer Angst hatten: Fallschirmspringen, allein verreisen, endlich aus dem Heimatdorf wegziehen. Also: Trainieren, trainieren, trainieren. Um mehr Selbstbewusstsein zu bekommen, darf kein Weg zu weit und keine Anstrengung zu groß sein. Denn Selbstbewusstsein ist die Grundlage für alles: dafür, dass wir an uns und unsere Träume glauben und dass wir in der Lage sind, andere zu überzeugen. Ganz zu schweigen davon, dass ein besseres Selbstbewusstsein auch enorm zur allgemeinen Lebensqualität beiträgt.

Über den Daumen gilt außerdem Folgendes: Je zurückhaltender Sie sind, desto wichtiger wird Ihre Qualifikation für Ihre Karriere. Wer sich gut verkaufen kann, braucht manchmal gar keine Qualifikation. So wie Joschka Fischer, der ohne Abitur und Ausbildung Außenminister werden konnte, und Karl Lagerfeld ohne Modedesignstudium das, was er ist. Wer dagegen kein Riesen-Ego hat, braucht wenigstens eine gute Qualifikation. Also: Wenn Sie Entwicklungshelfer werden wollen, studieren Sie dafür lieber Ingenieurwissenschaften als Sozialpädagogik. Wenn Sie Journalist werden wollen, studieren Sie dafür lieber Volkswirtschaft als Kommunikationswissenschaft. Das ist kein Ersatz für eine ordentliche Therapie. Aber es schützt Sie wenigstens vor Arbeitslosigkeit.

Wie Sie sich während der Berufsfindung bei der Stange halten

Das Schwierigste ist nicht die Distanz, das Schwierigste ist der erste Schritt, so sagt man. Nach dem ersten Schritt wird es leichter, den zweiten zu gehen. Manche sind nach dem ersten Schritt verwundert, dass es so leicht war, dass nichts Schlimmes passiert ist, dass niemand sie ausgelacht hat ...

Trotzdem ist mangelndes Durchhaltevermögen ein Standardproblem beim Karrierebauen. Man fängt an, klemmt sich nicht richtig dahinter, lässt sich ablenken durch familiäre Angelegenheiten, glaubt nicht ausreichend an sich, und alles verläuft wieder im Sande. Daran ist besonders tragisch, dass viel Zeit, Energie und Nerven verloren gehen – ohne ein Ergebnis zu erzielen. Man hätte es sich ebenso gut sparen können, überhaupt anzufangen. Woraus man ableiten kann: Wenn Sie absehen können, dass Sie nicht durchhalten, machen Sie lieber Ihren Frieden mit dem Status Quo.

Vielleicht hilft es, sich am Anfang der Berufsfindung noch einmal zu überlegen, ob man das Ganze ernst meint. Soll sich wirklich etwas ändern? Wenn ja, dann bedeutet das eben auch, dass man es sich nicht leisten kann, beim nächstbesten Problem den Kopf hängen zu lassen.

Interessanterweise schaffen es viele meiner Seminarteilnehmer durchaus, etwas durchzuhalten, was sie überhaupt nicht wollen. Sie zwingen sich beispielsweise fünf Jahre lang jeden

Tag zum Betriebswirtschaftsstudium. Wenn es aber daran geht, ihre eigenen Wünsche in die Tat umzusetzen, schaffen sie es nicht einmal zwei Monate, dranzubleiben. Dieses Phänomen beschreibt der Philosoph Friedrich Nietzsche so: »Viele sind hartnäckig in Bezug auf den einmal eingeschlagenen Weg, wenige in Bezug auf das Ziel.« Vielleicht ist das eine besondere Form von Masochismus. Oder von Passivität: Solange etwas vorgegeben wird, beißt man die Zähne zusammen und sagt sich »Qualität kommt von Quälen«. Doch für eine Idee aus Leidenschaft zu kämpfen setzt ein ganz neues Verantwortungsgefühl für das eigene Leben voraus.

Um für ein Ziel durchzuhalten, müsste man außerdem bereit sein, auf den sekundären Leidensgewinn zu verzichten. Denn viele haben gelernt: Wenn es mir schlecht geht, bekomme ich dafür Aufmerksamkeit. Vielleicht hat man Angst, diese Aufmerksamkeit zu verlieren, wenn man sein Leben verändert und aufhört zu jammern. Und die Angst bremst dann den Einsatz- und Durchhaltewillen.

Meiner Erfahrung nach entstehen Probleme beim Durchhalten oft dadurch, dass die Berufssucher ihre eigenen Wünsche gar nicht ernst nehmen. Sie verfolgen eine andere Agenda, wollen immer noch das liebe Mädchen sein oder der brave Sohn, der später Papas Kanzlei übernimmt. Sie haben Angst, eine schlechte Mutter zu sein, wenn sie etwas für sich tun, oder glauben schlicht, dass ihnen Erfolg gar nicht zusteht. Also stehen sie sich selbst auf den Füßen. Auch das sind gute Themen für eine Therapie.

Pragmatisch gilt Folgendes: Das große Ziel in kleine Schritte herunterbrechen und Zwischenziele mit Datum versehen. Bis wann soll was erreicht sein? Ein Berufsfindungstagebuch führen, in dem Sie Ihre Aktivitäten festhalten. Unterstützung suchen Sie von Leuten, die ihren Beruf lieben, und nicht von solchen, die ihren Beruf hassen und selbst Angst vor Veränderung haben. Verlieren Sie sich nicht in tausend anderen Projekten, sondern konzentrieren Sie sich auf eine Sache. Feiern Sie Erreichtes ausgiebig. Auch kleine Erfolge sind wichtig, denn sie geben einem Kraft, weiterzumachen. Nicht zu zögerlich vorgehen, sondern sich einer Sache mit Herz und Verstand verschreiben. Lassen Sie die Finger davon, in irgendwas reinzuschnuppern, irgendeinen Beruf auszuprobieren oder sich zusätzliche Standbeine zu schaffen. Das bedeutet meistens nur eins: Sie meinen Ihre Entscheidung für einen Beruf gar nicht ernst.

Sollte etwas schiefgehen, schreiben Sie auf, was Sie daraus lernen können. Welchen Fehler brauchen Sie nicht zu wiederholen? Wo haben Sie falsch gedacht? Soll der Misserfolg Ihnen etwas ganz Wichtiges zeigen? Machen Sie sich klar, dass es oft gerade die Niederlagen sind, die uns weiterbringen. Das merkt man zwar im Moment der Krise nicht. Aber im Nachhinein kann man erkennen:»Ohne den Rückschlag damals, ohne die Enttäuschung wäre ich nie so weit gekommen. Ich musste auf die Nase fallen, um zu sehen, dass …« Legen Sie einen Misserfolg also nach der Auswertung ad acta und vergessen Sie ihn für ein paar Jahre, anstatt sich darin zu suhlen.

In manchen Fällen ist es nicht einmal nötig, einen Misserfolg auszuwerten. Stattdessen muss man es noch einmal versuchen, zum Beispiel, wenn man in einer Sache nicht gleich so gut ist, wie man das gern hätte. Denken Sie daran zurück, wie Sie als kleines Kind Laufen gelernt haben. Damals haben Sie vermutlich auch nicht nach dem ersten Hinfallen geflucht:»Das klappt sowieso nicht! Ich schaffe das nie!« Sondern Sie haben es immer wieder versucht, so lange, bis es funktioniert hat.

Prokrastination

Neben dem Reflektieren (und bestenfalls Ändern) der inneren Grundhaltung helfen praktische Maßnahmen gegen Prokrastination oder Aufschieberitis: Lesen Sie morgens erst Ihre E-Mails, wenn Sie eine gute Tat für Ihr berufliches Ziel vollbracht haben. Gehen Sie erst dann ins Internet, wenn Sie einen längst fälligen Anruf erledigt haben. Stehen Sie eine Stunde früher auf und machen Sie das, wozu im Stress des Alltags keine Zeit ist. Bringen Sie Ihren Fernseher in den Keller und geben Sie Ehrenämter ab, es sei denn, sie haben etwas mit Ihrem zukünftigen Beruf zu tun. Kaufen Sie nicht für jedes Familienmitglied ein individuelles Geschenk zu Weihnachten, Ostern und zum Geburtstag. Machen Sie Ihrem Umfeld klar, dass es nicht böse gemeint ist. Aber Sie werden Ihr berufliches Ziel nicht erreichen, wenn alles andere wichtiger ist.

Während des Karrierebauens ist in der Regel auch nicht viel Platz für zeitintensive Hobbys, wie das ständige Schrauben an und Reparieren von alten Autos, die regelmäßige Umdekoration der Wohnung oder Golf mit niedrigem Handicap spielen (es sei denn, es dient Ihrem beruflichen Ziel, weil Sie beispielsweise Kunden im Golfclub akquirieren). Sortieren Sie Ihre Prioritäten mit größerem Ernst. Machen Sie eine lange Reise erst dann, wenn Sie beruflich etwas erreicht haben und es etwas zu feiern gibt.»Ich muss erst mal hier raus« mag ein weitverbreitetes Gefühl sein. Beruflich aber wird es Sie nicht nach vorne bringen, sondern nur Zeit kosten. Und wenn man zurückkommt, fällt man in ein umso tieferes schwarzes Loch.

Beobachten Sie, für was Sie Ihre Zeit verwenden: Manchen hilft es, morgens beim Joggen den Tag zu strukturieren. Andere nehmen den Sport bloß als Ablenkungsmanöver (= Prokrastination). Wohnung aufräumen, Fenster putzen, im Internet daddeln, auf Facebook gehen, Verwandtschaftsbesuch bespaßen – gegen all das ist nichts zu sagen. Es kostet bloß Zeit, die Ihnen dann für Ihr Hauptprojekt fehlt (»Meine Wohnung war noch nie so sauber wie zu der Zeit, als ich meine Masterarbeit geschrieben habe«).

Prokrastination hat auch mit Perfektionismus zu tun: Man will etwas perfekt machen. Weil es aber nicht perfekt geht, fängt man es gar nicht erst an. Dagegen hilft nur, sich klarzumachen, dass es in der Berufsfindung eben nicht um Perfektion geht, vor allem nicht am Anfang. Man muss seine Sache gut machen und immer besser werden. Aber man darf nicht einer völlig irrealen Vorstellung von Perfektion hinterherlaufen. Im Gegenteil: Viele »sehr gute« Leute halten sich nicht mit Perfektion auf, sondern zeichnen erst einmal 100 Entwürfe, von denen nicht ein einziger »sehr gut« ist. Doch sie bleiben nicht vor ihren Blockaden stehen, sondern fangen mit ihrem Projekt an. Sie gestehen sich zu, dass nicht jeder Satz, den man schreibt, gleich an Shakespeare erinnert.

Gegen Prokrastinieren hilft auch, Fakten zu schaffen: Gehen Sie einen ersten Schritt, anstatt weiter nachzudenken. Wenn Sie Ihren Job kündigen, wissen Sie, dass Sie einen neuen suchen müssen. Wenn Sie eine Veranstaltung ansetzen und Leute dazu einladen, werden Sie sie bis dahin organisiert haben müssen.

Mit dem Umfeld umgehen

Das größte Hindernis auf dem Weg zum Traumjob ist oft das eigene Umfeld: Partner, Partnerin, Eltern, Geschwister, beste Freundin – also ausgerechnet die Leute, von denen man sich am meisten Unterstützung wünscht. Wenn sie die Unterstützung verweigern, tut es weh und erinnert daran, dass der größte Feind oft der ist, der in den eigenen Reihen steht.

Ein Beispiel: Eine Kundin von mir machte mit 45 noch einmal eine Ausbildung zur Fotografin. Ihr Mann sagte immer: »Schatz, du kannst machen, was du willst. Ich unterstütze dich bei allem.« Als sie dann aber ihr erstes Shooting abends im Studio hatte, rief er sie auf dem Handy an: »Wir haben kein Brot mehr.« Dabei war gegenüber der Familienwohnung ein Supermarkt, der bis 22 Uhr geöffnet hatte. Der Ehemann wollte aber kein Brot, sondern dass seine Frau nach Hause kommt.

Überlegen Sie also, wann Sie mit wem über Ihre beruflichen Pläne sprechen. Oft sind gerade Eltern und Partner nicht die Richtigen dafür, weil sie selbst Angst vor Veränderung haben. Ein Partner möchte vielleicht gar nicht, dass seine Freundin noch einmal studiert oder sich einen neuen Job sucht. Vielleicht möchte er lieber die (zukünftigen) Kinder gut versorgt wissen. Eltern haben vielleicht Angst vor Gerede, wenn die Tochter ihren Jurajob an den Nagel hängt, um Maskenbildnerin zu werden.

Sprechen Sie über Ihr Vorhaben nur mit Leuten, die selbst glücklich mit ihrem Beruf sind. Wenden Sie sich nicht ratsuchend an jemanden, der selbst frustriert ist. Erwarten Sie nicht Hilfe von Leuten, die Ihnen in der Vergangenheit auch nicht geholfen haben. Solche Menschen haben oft ein ganz eigenes Interesse daran, aufzuzeigen, dass alle Bemühungen um einen passenden Beruf vergebens sein müssen. Meiden Sie in solchen Fällen das Thema, zum Beispiel so:»Ich habe jetzt eine berufliche Entscheidung für mich getroffen, aber ich muss das erst mal alles verarbeiten. Ich sage dir dann rechtzeitig Bescheid, aber nicht heute.«

Dabei kommt es darauf an, sich und anderen klarzumachen, dass Sie niemandem Rechenschaft schuldig sind. Die größten Blockaden von Berufssuchern sind in der Regel nicht die schlechten Noten oder die Brüche im Lebenslauf. Die größten Blockaden liegen zu Hause auf dem Sofa und sagen:»In deinem Alter wäre ich ganz vorsichtig.«

Neben einem wenig unterstützenden Umfeld finden sich auch noch andere Blockaden, zum Beispiel die Angst, sich zu blamieren, oder einfach die Unsicherheit, noch nicht gut genug zu sein. Wenn Sie beispielsweise Ihren ersten Kurs zum Thema »Persönliches Finanzmanagement für Frauen« geben, wird Ihr Gehirn sich die Szene vorher in den dunkelsten Farben ausmalen:»Was mache ich, wenn die Teilnehmerinnen mich auslachen oder einschlafen, wenn ich ein Blackout habe oder vor lauter Aufregung keinen geraden Satz herausbringe...?«

All das wird höchstwahrscheinlich nie passieren. Die Befürchtung, Ihre Teilnehmerinnen würden Sie auslachen, hat mit der Realität nichts zu tun. Sie ist eher Kopfkino. Dieses können Sie jedoch auch umgekehrt nutzen. Suchen Sie nach positiven Bildern, die Sie mit Ihrem Vorhaben verbinden. Freuen Sie sich darauf, dass Ihre Teilnehmerinnen anders herauskommen werden, als sie hereingekommen sind. Freuen Sie sich auf den Zuspruch und das Feedback. Stellen Sie sich vor, wie alle Teilnehmerinnen ihre Freundinnen zum nächsten Seminar schicken. Und: Versuchen Sie auf keinen Fall, von Anfang an perfekt zu sein. Denn das ist die sicherste Methode, nie mit einem Vorhaben zu beginnen.

Gewöhnen Sie sich außerdem den Satz »Das kann ich nicht« inklusive Paraphrasierungen ab. Wenn Sie sich beispielsweise als Expertin für Sportanlagentechnik, Wanderreiten, Kinder-Selbstverteidigung oder Improvisationstheater für Vertriebsleute profilieren wollen, und ein Lokalredakteur fragt an, ob Sie ihm ein kleines Interview geben, dann antworten Sie nicht: »Ich kenne mich da noch nicht genug aus.« Antworten Sie stattdessen, wenn Sie sich unsicher fühlen: »Am besten, Sie mailen mir die Fragen nachher rüber.« Holen Sie Informationen ein, lassen Sie sich helfen, improvisieren Sie. Solange Sie kein Promi sind, wird der Redakteur Sie nicht in die Pfanne hauen. Denn er will ja selbst ein gutes Produkt abliefern, also zum Beispiel ein interessantes Interview mit Ihnen. Wenn Sie sich und Ihre Idee bekannt machen wollen, werden Sie eines Tages an die Öffentlichkeit gehen müssen. Also nutzen Sie die Chance, wenn sie sich bietet. Auch Interviews zu geben muss man trainieren.

Dunkle Linien der Berufsfindung

Bei der neuen Überarbeitung dieses Buchs liegen über 17 Jahre Berufsfindung hinter mir. In dieser Zeit habe ich Hunderte, vielleicht Tausende von Lebensgeschichten gehört, hinterfragt und diskutiert. Beruf ist nicht zu trennen von der restlichen Biografie. Wenn man also einschätzen will, welcher Beruf besser oder schlechter passt, muss man verstehen, mit was für einem Menschen man es zu tun hat.

Das klingt zunächst offensichtlich und ein bisschen banal. Doch unter der Oberfläche der Berufswahl liegen weitere Schichten aus miteinander verstrickten Motiven, Verbindungen, Aufträgen aus der Familie oder Schuldgefühlen mit Wiedergutmachungswünschen. Je tiefer man hinabsteigt, desto mehr findet man heraus, warum man in welchem Beruf gelandet ist. Und warum man in einer Sache erfolgreich ist – oder vielleicht auch völlig erfolglos.

Die Gründe stammen aus der Lerngeschichte jedes Einzelnen. Das bedeutet, dass sie über die Jahre nicht etwa an Kraft verlieren. Im Gegenteil: Sie gehören zur Persönlichkeit und sind daher nicht unbedingt (und vor allem nicht einfach) veränderbar. Dennoch glaube ich, dass es hilft, diese Motive besser zu verstehen. Im besten Fall ist man ihnen dann nicht mehr hilflos ausgeliefert und kann sich schrittweise von ihnen emanzipieren oder zumindest lernen, souveräner mit ihnen umzugehen.

Oder man versteht besser, dass bestimmte Motive nicht unbedingt in die Berufswahl gehören. Wer es beispielsweise seinem ewig schlaueren, besseren, strahlenderen Bruder heimzahlen will, sollte das vielleicht lieber im Sport oder in einem selbst geschriebenen Song tun. Man kann solche Motive auch in einer Psychotherapie besprechen. Dort gehören sie hin. Aber sie sollten eben nicht unbedingt Grundlage der Karriereplanung sein.

Um die Sache besser zu verstehen, beginnen wir mit Motiven, die gleich auf der Oberfläche sichtbar sind. Ein Vater hat beispielsweise eine Rechtsanwaltskanzlei und wünscht sich vom Sohnemann, dass er eines Tages einsteigt oder sie übernimmt. Oder die Mutter führt eine Dorfapotheke und wünscht sich, dass der Erstgeborene später die Geschäfte weiterführt. Solche Aufträge können schwer auf einem lasten, wenn Sohn und Tochter ihre Eltern nicht enttäuschen wollen. Gerade Kinder, die sich ungeliebt fühlen (und wer tut das nicht, von Zeit zu Zeit wenigstens?), hoffen, auf diese Weise endlich die Nähe zu ihren Eltern herzustellen, die sie sich immer gewünscht haben.

Das Gute an dieser Art von Aufträgen ist allerdings, dass sie wenigstens sichtbar und ausgesprochen sind. Das macht es etwas leichter, sich dagegen zu wehren, Nein zu sagen oder sich abzugrenzen. Viel schwieriger ist der Umgang mit verdeckten Aufträgen, die deswegen nicht weniger Kraft haben, sondern mehr, obwohl sie oft nicht einmal greifbar sind.

Steigen wir also eine Etage tiefer. Eine häufig auftretende Komponente der Berufswahl ist der ungelebte Berufswunsch der Mutter. Eine Mutter wollte beispielsweise Ärztin werden. Es ging aber zu DDR-Zeiten nicht, weil die Familie nicht in der Partei war und ein Studienplatz in Medizin daher in weiter Ferne. Diesen ungelebten Berufswunsch manövriert die Mutter später in ihre älteste Tochter. Manche Mütter schaffen das sogar, ohne jemals das Wort Ärztin oder Medizin auszusprechen. Die Tochter studiert also Medizin, promoviert, wird Ärztin und fragt sich mit 35 Jahren: »Was mache ich hier eigentlich? Lebe ich mein Leben – oder das meiner Mutter?«

Manche Dinge sind in jeder Familie gleich. Und doch ist jede Familie anders. Für diese Stelle soll der Hinweis genügen, dass besonders die erstgeborene Tochter anfällig für den ungelebten Berufswunsch der Mutter ist. Aber selbstverständlich kann es überall eine Familie geben, in der es den jüngsten der fünf Söhne trifft. Der Jüngste ist die letzte Chance der Eltern. An ihm bleibt kleben, was die anderen nicht erfüllt haben. Zudem wird er manchmal von allen wie »der Süße« behandelt (vor allem, wenn er ein Nachzügler ist), lernt also weniger Durchsetzungskraft. Vielleicht eben auch weniger Durchsetzungskraft gegen die übrig gebliebenen Aufträge.

Schauen wir uns folgenden Fall an: Ein Vater wollte immer einen Sohn. Bei jedem seiner fünf Kinder hofft er inständig auf männlichen Nachwuchs. Aber es kommen nur Töchter. Bei der fünften Geburt ist klar: Das war seine letzte Chance, es wird keinen Sohn mehr geben. Die jüngste Tochter muss nun den (nicht ausgesprochenen) Wunsch erfüllen und wenigstens Soldatin werden. Wogegen prinzipiell nichts einzuwenden ist. Aber es ist eine Entscheidung, die sie nur auf der Oberfläche selbst gefällt hat.

Ein junger Mann arbeitet im Callcenter. Seine Eltern sind beide Erzieher, beide sehr »soft«, sehr pädagogisch. Der junge Mann aber sucht dringend nach einem maskulinen Vorbild und äußert daher die Berufswünsche Polizist, Soldat, Pilot. Allerdings fällt er bei den Aufnahmeprüfungen jedes Mal durch. Ihm fehlt die psychische Stabilität für einen sicherheitsrelevanten Beruf. Und trotz der mehrfachen Ablehnung (und deutlichen Worten seiner Berufsberaterin) formuliert er immer wieder dieselben Berufswünsche. Er kommt nicht raus aus der Schleife.

Ebenfalls nicht raus aus seinem Muster kommt ein junger Mann, dessen unterliegender Text lautet: »Mein Vater kümmert sich nicht um mich. Deswegen geht es mir schlecht. Und ich werde hier so lange sitzen und zeigen, dass es mir schlecht geht, bis mein Vater endlich kommt und sich um mich kümmert.« Der junge Mann hat jedes Recht der Welt auf seinen Schmerz. Es wäre aber besser, diesen Schmerz in eine Psychotherapie zu tragen oder ein Bild dazu zu malen, als ihn zur Grundlage der Karriereplanung zu machen. Eine Berufsberaterin kommt aber nicht an gegen solche Subtexte.

Eine typische Mutter-Sohn-Linie könnte dagegen so aussehen: Eine Ehe geht in die Brüche. Fortan benutzt die Mutter ihren einzigen Sohn als Partnerersatz. Mit ihm verbündet sie sich gegen den Vater und führt einen ewigen Kampf vor Gericht. Der Auftrag wird möglicherweise nie ausgesprochen und ist dennoch klar: Der Sohn wird Rechtsanwalt, naturgemäß mit Schwerpunkt Familienrecht. Sobald er versteht, wie es zu dieser Entscheidung gekommen ist, wendet er sich mit Abscheu von der Juristerei ab. Er fühlt sich missbraucht (nicht sexuell), vor allem in seiner erzwungenen Ablehnung des Vaters.

Das bringt uns zur Situation des Einzelkinds, früher eine ungewöhnliche Position, heute fast die Norm. Alle Erwartungen, Hoffnungen und unausgesprochenen Aufträge der Eltern treffen das Einzelkind oft mit größerer Wucht. Bei mehreren Geschwistern kann man die Last auf mehr Schultern verteilen. Wenn also der Erstgeborene den Hof nicht weiterführen will, so bleiben noch Nummer 2, 3 und 4. Er kann sich leichter aus dem Staub machen und Filmregie in Kalifornien studieren.

Auch ein Schuldgefühl oder eine Schande der Familie kann unter einer Berufsentscheidung liegen. Eine Frau kommt zu mir, die Judaistik studiert hat. Ich frage sie, ob sie aus einer jüdischen Familie kommt. »Nein«, sagt sie, »aus einer Nazifamilie.« Die Eltern sind nach dem Krieg nicht schlau geworden und engagieren sich stattdessen bei der NPD. Nicht als Kader, aber als Zuarbeiter und Hausmeister für ein entsprechendes

»Zentrum«. Die Tochter »glaubt«, das irgendwie ausgleichen zu müssen.

Ein etwa 40-Jähriger ist von Beruf Jugendamtsleiter. Wie er dahin gekommen ist, kann er sich selbst nicht erklären. Es stellt sich aber Folgendes heraus: Der Mann hat einen Bruder, der verschollen ist. Es ist unklar, ob es sich um einen Selbstmord, einen Unfall oder vielleicht auch um die Abschiebung eines Kuckuckskindes handelt. Was wirklich passiert ist, ist nicht herauszubekommen, sondern ein Familiengeheimnis, so, wie es in jeder Familie Geheimnisse gibt. Denkbar ist, dass unter den Entscheidungen, die der Mann im Lauf seiner Karriere fällt, eine Suchlinie liegt: Er sucht seinen verschollenen Bruder. Das ist kein bewusster Prozess, sondern ein Sog.

Bei den dunklen Linien geht es nicht um das Offensichtliche, nicht um oberflächliche Motive, wie beispielsweise, dass wir irgendwo gehört haben, dieser oder jener Beruf »hätte Zukunft«. Es geht um die Geschichte unter der Geschichte.

Schauen wir uns folgendes Muster an: Ein großer, wichtiger, erfolgreicher Mann bietet eine Ausbildung zum X an (nur zum Beispiel: zum Motivationstrainer nach Methode Willi Müller). Einige Frauen lassen sich von ihm ausbilden, um sich anschließend der Öffentlichkeit als Anbieter der Willi-Müller-Motivationsmethode zu präsentieren. Sie betonen in jedem Interview und auf ihren Internetseiten immer wieder, dass sie Ausbildungen bei jenem großen Meister gemacht haben. Dahinter steckt aber eher ein Defizit an Vaterenergie. Manchmal haben sie keinen Vater gehabt, der Vater war abwesend oder er wollte keine Kinder. Dieses Defizit soll durch die Ausbildung bei der Vaterfigur behoben werden. In vielen Fällen aber wäre es besser, dieses Vaterbedürfnis nicht zur Grundlage der Karriereentscheidung zu machen. Denn für die Öffentlichkeit bleibt immer die Frage: Ist die Schülerin wirklich so gut wie ihr Übervater? Zumal es schwierig ist, bei so viel Glanz des erfolgreichen, wichtigen, großen Mannes nicht letztendlich selbst immer im Schatten zu stehen.

Ein Motiv der Berufsentscheidung kann auch Generationen überspringen: Ein Urgroßvater wollte nach Ostpreußen (wo die großen Landgüter im deutschen Kaiserreich lagen), um dort Milchvieh zu züchten. Seine Frau lehnt ab, und die Familie bleibt im Rheinland. Der Urenkel weiß nicht viel von dieser Sache und macht zunächst eine Ausbildung zum Zahntechniker. Doch je älter er wird, desto mehr zieht es ihn in die Landwirtschaft. Mit Mitte 30 macht er noch einmal eine landwirtschaftliche Ausbildung. Das zwiespältige Gefühl bleibt:»Lebe ich meinen eigenen Berufswunsch oder den von jemand anderem?«

Solchen Motiven zu folgen kann vielversprechend sein: Vielleicht wird der Mann eines Tages erfolgreicher Viehwirt und baut so eine Ruine seiner Familiengeschichte auf. Es gibt aber auch gegenteilige Beispiele: Ein Vater ist als Textil-Designer hoch talentiert, bringt es aber beruflich zu nichts. Es fehlt ihm an Selbstbewusstsein für eine Branche, in der es durchaus auf Ego ankommt. Die Tochter ist ebenfalls talentiert. Aber sie hat das für sie unaussprechbare Gefühl:»Wenn ich beruflich erfolgreich bin, steht mein Vater noch mehr als Loser da.« Da sie ihren Vater liebt, muss sie den eigenen beruflichen Erfolg unbedingt verhindern. Irgendwie manövriert sie sich immer wieder in beruflich aussichtslose Situationen.

In solchen Fällen hilft es nichts, den Grund für das eigene Versagen im Äußeren zu suchen. Eine dunkle Linie ist stärker als jede»Situation auf dem Arbeitsmarkt.« Man kann nur seine Taschenlampe anknipsen, tiefer graben und mehr darüber herausfinden, wie man tatsächlich zu seinem Beruf gekommen ist. Damit wird der Blick klarer dafür, welcher Beruf möglicherweise viel besser zu einem passen könnte.

Gibt es auch Ideen, die sich nicht als Beruf eignen?

Manche Ideen haben kein großes Karrierepotenzial. Als Logopädin, Erzieherin, Übersetzer, Ernährungsberaterin oder Yogalehrer werden Sie vermutlich nie auf ein gutes Gehalt, ein gutes Honorar kommen. Natürlich gibt es auch dazu wieder Ausnahmen: Bikram Choudhury ist mit seinem patentierten Hitzeyoga sicher reich geworden. Allerdings eher nicht als Yogalehrer, sondern als Kurs- und Lizenzvermarkter. Wenn Sie sich ein solches Kultpotenzial nicht zutrauen, lassen Sie die Finger von Yogalehrer. Werden Sie lieber Lehrer für Mathematik und Sport und bauen Sie zusätzlich eine Yoga AG an Ihrer Schule auf. Dann hat die Sache mehr Potential.

Aus Erzieherin sollte man lieber Grundschullehrerin machen, aus Übersetzerin lieber Dolmetscherin, und auch dann lieber für seltene Sprachen und auf sehr hohem Niveau, damit Sie für offizielle Anlässe gebucht werden. Sonst eignet sich Lehrerin für Deutsch und Französisch besser. Wenn man sich als Logopädin auf Schauspieler und Journalisten spezialisiert, kommt man auf bessere Stundensätze als mit Spezialisierung auf frühkindliche Sprachstörungen.

Ernährungsberaterin könnte lukrativ werden, wenn Sie Kräuternahrung verkaufen oder Kochkurse anbieten. Besser noch wäre, wenn Sie Ärztin in einer Klinik für Essstörungen sind und die Ernährungsberatung Teil der Sache ist. Oder wenn

Sie Grundschullehrerin sind und in Ihrer Schule eine Mensa mit angeschlossener Kinderkochschule betreiben. Oder wenn Sie ein Cateringunternehmen mit Fünf-Elemente-Küche aufbauen.

Für eine Idee wie Kunst- oder Tanztherapeut sollten Sie entweder sehr gute Strategien für Ihr Marketing oder einen reichen Partner haben, der Sie von der Steuer absetzen kann. Oder noch besser: Wenn Sie Ärztin für physikalische und rehabilitative Medizin sind, dann ist Kunst- oder Tanztherapie eine schöne Zusatzqualifikation.

Apropos Zusatzqualifikation: Viele Kurse sind eigentlich Weiterbildungen, die ohne einen »Hauptberuf« nicht weit tragen. Wenn jemand also Rechtsanwalt oder Schulpsychologe ist, dann ist Mediation eine schöne Zusatzqualifikation. Ansonsten ist Mediation ein reiner Ausbildungsmarkt: Mediatoren verdienen Geld, indem sie wieder Mediatoren ausbilden. Das ist legitim. Man sollte sich aber überlegen, ob man bei so etwas mitmachen will. Schließlich potenzieren sich dadurch die Anbieter ständig, ohne dass es einen Markt dafür gäbe.

Meiner Erfahrung nach besteht einer der Hauptgründe für verkorkste Berufspläne darin, dass Zusatzqualifikationen als selbstständiger Beruf gesehen werden. Also: Mediation, Kunsttherapie, Familienberatung, Coaching, NLP, Farb- und Stilberatung, Supervision, Wertschätzende Kommunikation sind in aller Regel keine Berufe, sondern Zusatzqualifikationen oder ein reiner Ausbildungsmarkt. Ebenfalls keine Berufe sind Work-Life-Balance-Trainer, psychologischer Lebensberater oder Systemischer Coach. Selbst bei Personal Trainer, Tierheilpraktikerin oder Weddingplanner bin ich skeptisch, ob man damit außerhalb Kaliforniens seinen Lebensunterhalt verdienen kann. Allerdings kann es ja durchaus sein, dass jemand gar nicht seinen Lebensunterhalt damit verdienen will, weil er oder sie beispielsweise reich geheiratet hat und eher einen

Job neben der Kindererziehung sucht. Oder weil jemand früh-
zeitig verrentet worden ist und ein Liebhaberprojekt aufbauen
möchte.

Es gibt Berufe, die fangen zwar mit niedriger Bezahlung an,
sind aber ausbaubar: Friseure, Visagisten, Stuckateure, Gärtner, Floristen und Konditoren können es selbstständig sehr weit
bringen. Es gibt in jeder Stadt gute Beispiele dafür. Kranken-
schwestern und Physiotherapeuten können mit Spezialisierung
und Weiterbildung mehr verdienen. Eine Hotelfachfrau verdient am Anfang wenig, kann sich aber verhältnismäßig schnell
ins Management hocharbeiten und Bonuszahlungen bekommen (eine hohe Zimmerauslastung vorausgesetzt).

Zusammengefasst: Es gibt Ideen, die eignen sich nicht recht
zum Karrieremachen, es sei denn, man hat eine ganz besonders
gute Idee und einen ganz besonders guten Plan. Und es gibt
Ideen, die beginnen mit einem bitteren Salär, was sich aber über
die Jahre steigern lässt. Am Ende ist Geld nicht das Wichtigste.
Viel wichtiger ist, dass man von seiner Sache überzeugt ist. Aber
man sollte sich nicht von Anfang an schon eine Idee aussuchen,
mit der man ganz sicher niemals gutes Geld verdienen wird.

Zehn Tipps für Schulabgänger

Stellen Sie sich vor, Sie sind wieder auf einer dieser Familienpartys, und Ihre Großtante fragt:»Du hast ja bald die Schule fertig. Was willst du denn später mal werden?«Sicher kommt Ihnen diese Situation bekannt vor, wahrscheinlich macht Sie bereits der Gedanke daran aggressiv. Manche antworten vorsichtshalber»Ich weiß noch nicht so genau«. Andere haben sich Antworten zurechtgelegt wie»Ich gehe mal zur EU«oder»Ich mache mal was mit Medien«. Dabei handelt es sich in der Regel nicht um echte Berufswünsche, sondern eher um ein Großtantenberuhigungsmittel.

Obwohl die Methode der *Individuellen Berufsfindung* für jedes Alter funktioniert, bringt die Situation für junge Leute besondere Schwierigkeiten mit sich. Oft hat man das Gefühl, noch nicht genügend von der Welt zu wissen oder zu beeinflusst von Eltern und Lehrern zu sein. Daher finden Sie zum Abschluss des Buchs zehn Regeln für Schulabgänger bei der Berufsfindung.

1. Nehmen Sie die Berufsentscheidung ernst. Mit irgendeinem Job, der sich gerade anbietet, werden Sie nicht glücklich. Räumen Sie daher Ihrer Berufswahl unbedingt einen Platz an der Spitze Ihrer Prioritätenskala ein.

2. Die Verantwortung für Ihre Berufsentscheidung tragen ganz allein Sie. Nicht Ihre Eltern, nicht Ihre Lehrer – und auch nicht die Agentur für Arbeit.

❸ Viele Ratschläge kommen von Leuten, die selbst unzufrieden sind. Zum Beispiel von Ihrem Mathelehrer, der selbst nur aus Angst die Beamtenlaufbahn eingeschlagen hat. Solche Bedenkenträger-Ratschläge nehmen Sie sich bitte nicht zu Herzen.

❹ Richten Sie sich nicht nach Moden. Was heute einen sicheren Arbeitsplatz verspricht, kann morgen wieder out sein. Niemand weiß, was in fünf oder zehn Jahren auf dem Arbeitsmarkt los ist. Suchen Sie sich also lieber einen Beruf, der Ihnen Spaß macht, der Sie motiviert und der Ihnen etwas bedeutet.

❺ Falls Ihnen jemand erzählt, man müsse mit seiner Berufsentscheidung 40 Jahre lang leben können, schalten Sie auf Durchzug. Bei Berufen ist es wie bei der Klimaforschung: Niemand weiß, was in 40 Jahren ist. Und es hilft nichts, seine Berufsentscheidung mit Ewigkeitsüberlegungen zu überfrachten. Denken Sie an die nächsten 15 Jahre, das ist schwierig genug.

❻ Fällen Sie Ihre Entscheidung nicht aus Angst. Angst ist der schlechteste Ratgeber von allen.

❼ Entscheiden Sie sich zuerst für einen Beruf. Danach erst schauen Sie, welche Ausbildung, welches Studium, welches Praktikum (eventuell auch: welcher Auslandsaufenthalt, welche Fremdsprache oder welcher Freiwilligeneinsatz) dazu passt.

❽ Bei vielen Berufen führen mehrere Wege nach Rom, darunter auch krumme. Talkshowmoderator Günther Jauch hat sein Politikstudium abgebrochen, Survival-Guru Rüdiger Nehberg war Konditor, Ex-Außenminister Joschka Fischer Taxifahrer, Stefan Raab Metzger, Sarah Wiener hat weder Schulabschluss noch Berufsausbildung und ist trotzdem Starköchin, Angela Merkel hat einen Doktor in Physik und Werner Then, langjähriger Präsident der Deutschen Management-Gesellschaft, war früher Schuhverkäufer – ohne Abitur. Wenn Sie unsicher sind, welche Ausbildung, welches Studium zu Ihren Wünschen passt, dann recherchieren Sie, welchen Weg erfolgreiche Leute vor Ihnen gegangen sind. Das gibt Ihnen wenigstens Anhaltspunkte.

9. Manche Berufe setzen zwingend eine Ausbildung voraus (zum Beispiel Kfz-Mechaniker, Fluglotse, Arzthelferin), manche zwingend ein Studium (zum Beispiel Kinderarzt, Apotheker, Staatsanwältin). Bei anderen Karrieren gibt es mehrere Möglichkeiten: Fotografen beispielsweise können eine Ausbildung oder ein Studium absolvieren. Aber so mancher erfolgreiche Fotograf hat sich alles selbst beigebracht. Wenn Sie die Wahl haben, entscheiden Sie sich für den Weg, der zu Ihnen passt. Die einen lernen besser in einer Ausbildung oder einem verschulten Fachhochschulstudium. Andere blühen in der Freiheit der Universität erst richtig auf. Manche lernen schneller und besser, wenn sie ein Praktikum machen und sich dabei die dazugehörigen Fähigkeiten *on the job* aneignen. Ein Schülerpraktikum während der Sommerferien ist in vielen Fällen ein sehr sinnvoller erster Schritt.

10. Machen Sie nicht den Fehler, sich durch ein Studium (typischerweise Jura oder Betriebswirtschaft) alle Wege offenhalten zu wollen. Arbeitgeber suchen nicht Menschen, die sich alle Wege offenhalten, sondern Mitarbeiter, die für ein ganz bestimmtes Problem im Unternehmen eine ganz bestimmte Lösung anbieten können.

Und zum Schluss: Sollte Ihnen auf dem Weg zum Traumjob jemand einreden wollen, dass man ohnehin keine Chance hat und es auf dem Arbeitsmarkt wirklich ganz schlimm aussieht, antworten Sie ihm oder ihr: »Bleib im Bett, zieh die Decke über den Kopf, dann habe ich schon einen Konkurrenten weniger.«

Im Lauf der Zeit

Oft werde ich gefragt, ob sich in all den Jahren etwas verändert hat: Gibt es Moden in der Berufsfindung? Kommen während der Bankenkrise mehr Banker als sonst zur Berufsfindung? Spiegeln sich in den Anliegen der Berufssucher die jeweiligen Zahlen vom Arbeitsmarkt? Suchen die Leute heute weniger oder mehr Sicherheit als früher?

Von Moden oder Trends der Berufsfindung kann ich nichts berichten. Die Frage »Was mache ich mit meinem Leben (beruflich)?« ist vom Arbeitsmarkt unabhängig. Zumal die meisten Leute sich auch gar nicht mit Daten und Fakten des Arbeitsmarkts beschäftigen. Die Frage nach dem richtigen Beruf ist eher eine zentrale Lebensfrage, die mit Selbstverständnis und Gestaltungswillen zu tun hat.

Zudem sagen allgemeine Zahlen vom Arbeitsmarkt wenig über den Fall des Einzelnen. Selbst wenn es noch nie eine Krankenschwester zur Kapitänin gebracht hätte, selbst wenn noch nie eine Frau Bundeskanzlerin geworden wäre, selbst wenn man mit Pferdeflüstern kein Geld verdienen könnte – so kann es doch jederzeit den Einzelnen geben, der das Gegenteil beweist. Auch in schwierigen Zeiten (von denen wir in der Realität glücklicherweise ganz weit entfernt sind) können einzelne Berufswechsel und Karrieren grandios verlaufen. Ich persönlich glaube sowieso nicht an schlechte Zeiten, sondern eher daran, dass man mit einer guten Idee, festem Willen, Hingabe und Schmackes sehr viel erreichen kann.

Dasselbe gilt für Studien, die angeblich herausfinden, dass diese oder jene Generation von Berufssuchern mehr an Sicherheit als an beruflicher Selbstverwirklichung interessiert sei. Wenn man Leute fragt, ob ihnen Sicherheit wichtig ist, werden sie vermutlich immer mit Ja antworten. Oft übrigens, weil sie es schlicht für die sozial erwünschte Antwort halten. Zudem sind die Vorstellungen, was das Schlagwort Sicherheit eigentlich bedeutet, völlig verschieden. Ich halte es für hoch wahrscheinlich, dass man am sichersten lebt, wenn man von dem, was man tut, überzeugt ist. Das erhält und fördert die Gesundheit.

Noch zu meinen Abiturzeiten (1985) hieß es, dass vor allem Jobs in der Bank sicher seien. Das mag sich durch die Bankenkrise geändert haben, was mir vor allem schmerzhaft erscheint für die, die den Bankerjob nur seiner angeblichen Sicherheit wegen gewählt haben. Die einen glauben, ein Beamtenjob sei sicher. Andere aber glauben, dass ein Beamtenjob sie sicher krank macht und ein daraus resultierendes Magengeschwür das Gegenteil von Sicherheit ist.

Dann höre ich oft Klagen, es würde alles viel schwieriger, weil man ja heute so viel mehr Möglichkeiten habe als früher. Aber das ist nur die Eitelkeit der Gegenwart. Man denkt immer, in einer ganz besonders wilden Zeit zu leben, die sicher bald in einem Höhepunkt kulminiert oder wahlweise in einem Zusammenbruch endet. Ich glaube eher, dass der Einzelne (zumindest in den letzten Jahrzehnten und in diesen Breitengraden) in einem gewissen Rahmen immer unendlich viele Möglichkeiten hatte und hat. Ein Schneidersohn kann Jurist werden und ein Juristensohn Schneider. Ein Thronfolger kann eine Bürgerliche heiraten, auf den Thron verzichten und Arzt werden. Ein Handwerkersohn kann ein großer Künstler werden (Talent vorausgesetzt). Ein Mädchen kann als Erste ihrer Familie studieren.

Die damit einhergehenden Probleme resultieren nicht aus der Frage, ob ein paar Universitäten wieder einmal neue Studiengänge ersonnen haben. Die Frage, was das Richtige ist, stellt sich auf einer tieferen Ebene jedem zu jeder Zeit gleich. Ganz wenige wissen schon früh in ihrem Leben genau, wofür sie auf der Welt sind. Aber die meisten von uns sind nicht mit einer ähnlichen Mission ausgestattet. Eher können wir – natürlich immer in einem Rahmen – frei über unser Leben entscheiden. Das schließt nicht mit ein, dass jeder berufliche Plan erfolgreich ist und man mit jeder Idee Geld verdient. Die Freiheit der Berufswahl ist kein sozialstaatliches Rundum-Sorglos-Paket. Aber die Entscheidung, Lehrer oder Arzt, Metzger oder Polizist zu werden, liegt bei dem Einzelnen.

Diese Freiheit ist gepaart mit der Verantwortung, die man für seine Entscheidung übernimmt. Und vor dieser Verantwortung drücken sich viele. Es ist leichter, über die angeblich missliche Lage am Arbeitsmarkt zu sinnieren, als sein berufliches Leben in den Griff zu bekommen. Und diese Konstellation ändert sich nicht durch Mode oder Zeitgeist. Die Schwierigkeiten, von denen meine Leute berichten, liegen viel eher auf der Ebene: »Kann ich das überhaupt?«, »Bin ich nicht zu alt dafür?«, »Mache ich mich nicht lächerlich, wenn ich das versuche?«, »Bin ich dann noch eine gute Mutter?« und natürlich: »Was sagen meine Eltern und meine Partnerin dazu?« Ich bezweifle, dass sich diese Hemmungen durch wirtschaftliche oder politische Entwicklungen verändern.

Aber: Ja, es gibt auch Veränderungen, die man über die Jahre feststellen kann. Wenn ich den Unterschied zwischen mir und der Generation meiner Eltern ansehe, fällt als Erstes ins Auge, dass viel mehr Frauen selbstverständlicher als früher am Arbeitsmarkt teilnehmen. Vor 50 Jahren gab es wesentlich mehr Mädchen, die nicht Abitur machten, sondern eine Hauswirtschaftsschule besuchten. Vor 30 Jahren noch war ein großer

Teil der Deutschen in ihren beruflichen Entscheidungen einge-
schränkt durch die DDR. Wer nicht in der Partei war (oder als
politisch unzuverlässig eingestuft wurde), hatte kaum die Möglichkeit, Journalist, Botschafter, Arzt oder Lehrer zu werden.

Zudem tritt das Problem der Entscheidungsschwäche heute
vielleicht deutlicher zutage. Denn viele Eltern sind durchaus gewillt, ihren Kindern »eine Auszeit« zu genehmigen. Sie finanzieren Nichtstun, Weltreisen, ausufernde Praktika und Aus-
landsaufenthalte, die nichts mit Beruf zu tun haben. Das alles
ist für junge Leute zu Beginn ihrer Karriere hoffentlich ein großes Abenteuer. Aber das Problem der Entscheidungsschwäche
ist damit nicht gelöst. Im Gegenteil: Man kommt wieder von
der einjährigen Weltreise, hat viel erlebt, aber sich nicht mit sich
selbst beschäftigt. Das Loch, in das man dann fällt, ist noch tiefer und schwärzer, als es vorher schon war. Also noch flugs ein
Freiwilliges Soziales Jahr angehängt. Und dann ein paar Semester BWL studiert, weil man damit angeblich immer etwas wird.

Zur Entscheidungsschwäche gehört die Angst, nicht gut
genug zu sein. Auch diese Angst ändert sich nicht »in der heutigen Zeit«. Sie wird nicht generell kleiner oder größer. Sie va-
riiert höchstens von Mensch zu Mensch. Einige überschätzen
sich hoffnungslos (meistens in puncto Selbstbewusstsein, Wil-
lensstärke und Ernst des ganzen Berufsfindungsvorhabens).
Die meisten aber unterschätzen sich, vor allem ihre Intelligenz,
Lernfähigkeit und das, was sie erreichen können. Für diese Fälle
schließe ich dieses Buch mit einem Lied, das immer mal wieder
Goethe zugeschrieben wurde, sich aber nicht (wie oft angegeben) im *Faust* finden lässt: »Whatever you can do or dream you
can – begin it. Boldness has genius, power and magic in it.«

Nachwort: Philosophische Schlussbemerkung

Lange bevor ich Berufsberaterin wurde, habe ich Philosophie bei Prof. Ursula Wolf studiert. Bereits für die erste Ausgabe von *Der Job, der zu mir passt* hat sie das Nachwort verfasst.

Der Job, der zu mir passt von Prof. Ursula Wolf

Wozu braucht man einen Beruf? Auf den ersten Blick: Um seinen Lebensunterhalt zu verdienen. Vielleicht auch: Um etwas Sinnvolles mit seinem Leben anzufangen. Aber das kann man vielleicht auch ohne Beruf. Wer vermögend ist, könnte, so scheint es, auch einfach fragen, welche Ziele er in seinem Leben verfolgen will. Und doch üben auch Menschen, die das Geld nicht brauchen, oft freiwillig einen Beruf aus. Von denen, die es nicht tun, sagt man, dass sie privatisieren. Einen Beruf auszuüben hätte demnach auch etwas mit dem Interesse am Erfüllen einer anerkannten sozialen Rolle zu tun.

In unserer heutigen Vorstellung von Beruf verbinden sich so drei Aspekte: Arbeit für den Lebensunterhalt, sinnvolle Lebenstätigkeit und Ausübung einer anerkannten sozialen Rolle. Historisch ist diese Kombination eher spät entstanden.

Die antike Philosophie betont die Frage nach Tätigkeiten, in denen wir uns als Menschen verwirklichen können und deren Ausübung Freude macht. Aristoteles sieht in der beständigen Ausübung solcher Tätigkeiten gerade das gute menschliche Leben. Die soziale Seite ist dabei immer mit enthalten, weil die Frage von den Griechen von vornherein im Kontext der Polis, die die möglichen Tätigkeiten vorgibt und ordnet, verstanden wird. Hingegen besteht für die griechischen Philosophen, die aus dem wohlhabenden Adel stammen, kein Grund, die Notwendigkeit der Sicherung des Lebensunterhalts zu thematisieren.

Dieser Aspekt der Bemühung um den Lebensunterhalt wird besonders deutlich in derjenigen Art von Berufsausübung, die Karl Marx als entfremdete Arbeit bezeichnet und im Zeitalter der Industrialisierung als vorherrschend sieht. Sie ist dadurch charakterisiert, dass sie den Individuen gerade nicht ermöglicht, Tätigkeiten auszuführen, die ihren eigenen Wünschen und Motiven entsprechen. Die berufliche Arbeit trägt so nicht mehr zu einem guten Leben bei, dient vielmehr dem schlichten Überleben.

Mit der fortschreitenden Differenzierung der Berufswelt lassen sich heute die drei Seiten des Berufsbegriffs wieder verbinden. Wir haben eher die Chance, einen Beruf zu finden, der nicht nur den Erfordernissen des Lebensunterhalts Rechnung trägt, sondern gleichzeitig den Einsatz unserer Fähigkeiten in gewünschten Tätigkeiten ermöglicht, die darüber hinaus Bestandteil einer sozialen Praxis sind und so intersubjektive Anerkennung versprechen.

Ein Teilaspekt der sinnvollen Lebenstätigkeit ist die Realisierung der eigenen Individualität. Die Griechen fragten nach den Tätigkeiten, in denen wir uns als Menschen verwirklichen können. Heute fragen wir, wie wir gerade unsere besonderen individuellen Fertigkeiten und Motivationen verwirklichen können.

Daraus ergibt sich, denke ich, dass die Berufstätigkeit heute ein besonders hervorgehobener Teil des guten Lebens ist. Nach meiner Vorstellung betont jede Epoche an der Frage nach dem guten Leben eine bestimmte Seite und versucht damit, auch auf die letzten und unbeantwortbaren Aspekte der Frage noch zu reagieren. Wer auf die Vorschläge, die dieses Buch zur Berufsfindung macht, einwenden würde »Wozu überhaupt so viel Gedanken auf den richtigen Beruf verwenden? Das Leben ist kurz, und was immer man tut, wird die Welt im Ganzen doch nicht ändern«, stellt eine metaphysische Frage, auf die es keine Antwort gibt. Zwar keine Antwort, aber doch eine Weise des Umgangs mit diesem Problem ist es, wenn die Person sich als Individuum einen Wert beilegt, weil sie etwas Eigenes verwirklicht. Es ist vor allem die Suche nach diesem Eigenen, zu der das vorliegende Buch ermuntern will.

Denen, die auf den weitergehenden Fragen bestehen, statt sie durch individuelle Selbstverwirklichung zu beruhigen, sollte Uta Glaubitz den Beruf des Philosophen empfehlen.

Anmerkungen

1 Diese Form der Bestimmung konkreter Fähigkeiten beschreibt Richard Bolles in: *What color is your parachute?*, Berkeley, CA, 2005 (deutschsprachige Ausgabe: *Durchstarten zum Traumjob*, Frankfurt/New York 2009).

2 Johanna Frank und Lorenz Wolff, *Berufszielfindung und Umsetzungsstrategie für Studium/Ausbildung/Weiterbildung*, Speyer 1992, S. 21.

3 Bolles, *What color is your parachute?*

4 Diese Art der Fremdeinschätzung empfiehlt Richard Bolles in: *What color is your parachute?*

5 Frank und Wolff, *Berufszielfindung und Umsetzungsstrategie*, S. 25.

6 Ebd., S. 163 f.

7 Besonders betont von Richard Bolles in: *What color is your parachute?*

8 Ebd.

9 Nachzulesen in Bolles, *What color is your parachute?*

Register